The Psychology of Persons Whose Efforts Can be Rewarded.

不靠天賦也能勝出的
努力心理學

最給力心理學家 內藤誼人

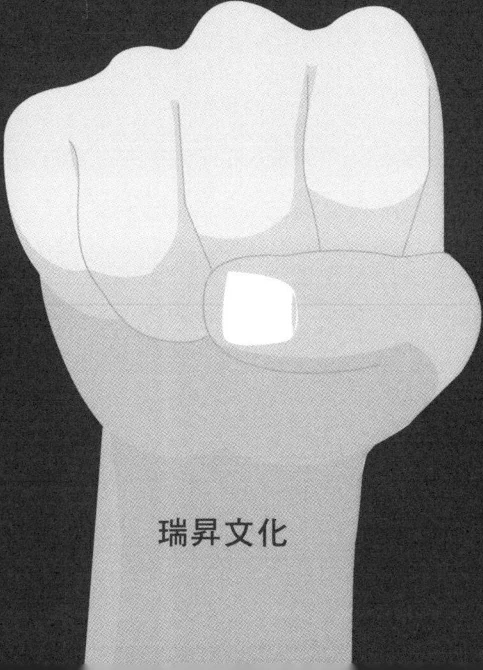

瑞昇文化

序

人生中得以功成名就的最大秘訣在於持續地努力。

想成為大富豪、想求得知識、想建立人脈、想擁有幸福的婚姻，無論想完成哪一件事，最重要的是必須努力不懈、堅持到底。

作家榮獲芥川獎後就能一輩子不愁吃穿、平安喜樂嗎？成為大排長龍的人氣拉麵店後稍微偷工減料顧客難道不會跑掉嗎？攜手邁入禮堂後若不努力經營婚姻，夫妻會生活得幸福又美滿嗎？

當然不可能。

重點是必須確實地做到「永不放棄努力」。

石川遼①沒有繼續努力行嗎？

鈴木一朗②不努力的話結果會如何呢？

他們已經是世界頂尖的選手，還是不能因此滿足而不繼續地努力下去，甚至還得鞭策自己比一般人更努力，他們就是因為持續地努力才能保住頂尖選手的局面。

任何人、任何領域，只要持續地努力就一定會成功。

根本不需要什麼與生俱來的才能。

需要的只有不斷地努力，再努力。

確實地做到這一點，任何人都能輕易地邁向美好的未來，任何夢想都一定會實現。

不過，持續地努力還是需要一些些技巧。因為，假使只是盲目地往前衝，總有一天會碰到阻礙，或覺得努力是一件很麻煩的事情而無法繼續努力下去，變成俗稱「三分鐘熱度的人」。

怎麼做才能永不放棄地繼續努力下去呢？

怎麼做才能避免自己輕易地拋開事情放棄努力呢？

有沒有做起來很簡單、連一看到事情就感到厭煩的人都能輕鬆採行的訣竅呢？

所有的答案都在本書中。

曾經因為瘦身減重、學習商務技能、學習英語會話而嚐盡失敗痛苦，無法繼續努力下去的讀者們，建議您一定要閱讀本書，積極地成為一位開始努力就不放棄，一定會努力到最後關頭的人。我將透過本書偷偷地教您一些秘訣，幫助您順利地成為這種人。

內藤誼人

①石川遼：1991年9月17日出生，日本知名高爾夫球選手，是日本史上最年輕職業賽冠軍得主，最年輕的日本獎金王紀錄保持者，被喻為日本的「高爾夫球神童」。

②鈴木一朗：1973年10月22日出生，日本愛知縣人，目前效力於美國職棒大聯盟紐約洋基隊的外野手。並保有大聯盟單季最多安打262支的紀錄，以及連續10球季200支以上安打的世界紀錄。被譽為「安打製造機」及「打擊之神」之稱。

不靠天賦
也能勝出的努力心理學

目錄

Part 1

為了最後的「歡笑」，下定決心好好地「努力」一番吧！

Part 2

想持續努力時，絕對必要的心理技巧

Part 3

源源不絕地提昇的心理技巧！

「毅力」和「活力」

Part 4

怎麼做才能如願以償地「改變自己」呢？

Part 5

一輩子都能努力不懈的秘訣

Part 1

為了最後的「歡笑」，下定決心好好地「努力」一番吧！

01

積極地找出「努力」的價值

下定決心持續地努力時，最重要的是必須找出努力的價值，徹底地改變自己的想法，因為假使一直抱持著努力是愚蠢的行為或麻煩的事情等負面的想法，一定會抹殺掉努力進取的心情。

「需要努力，那不是太遜了嗎？」

「那麼粗俗的事情和精明幹練的我不搭調。」

「想是想努力，問題是我根本做不來。」

抱持這種心態的人真的能繼續地努力下去嗎？瞧不起「努力」行為的人不可能辛苦地付出、努力地做事情。該情形就像是一直認為當志工毫無價值可言的人，絕對不可能任勞任怨地動手撿垃圾或樂意出手幫助需要幫助的人。

人必須自己去找出努力的價值才可能熱衷於努力。

相信世上真的有神明的人才可能熬過艱辛程度令人難以想像的修行過程，因為他們相信懷著歡喜心熬過艱辛修行就能上天堂。認為宗教沒有價值的人很難理解他們為什麼能一心向佛地潛心修行。

總之，最重要的是必須找出努力的價值。過去的日本人非常喜歡「努力」，對日本人而言，勤勉是一種美德。小學校園裡通常都會矗立著二宮金次郎①的銅像，家長們也會耳提面命似地不斷對孩子們灌輸努力的重要性。

歐洲人對於莫札特②般天才類型的人評價高，日本人比較喜歡貝多芬③般辛苦努力而成功的人。因為日本人具備從努力中找尋價值的民族性。

令人遺憾的是近年來追求「卓越要領」的風氣太盛。一個人若反覆地做同一件事情，必定會聽到別人背地裡批評「那傢伙真笨」、「那個人要領太差」等雜音，讓人不由地產生「不重視努力的人是不是越來越多了呀？」之聯想。

下定決心要繼續努力後，必須改變想法，認定「努力是一件非常了不起的事情」。

對於「努力絕對不會白費」這句話深信不疑。會輕易地拋開事情放棄努力的人最需要的是改變心態。人們為了得到自己想要的東西，亦即：對自認為價值高的東西，不管吃多少苦都能欣然地接受。

以色列耶路撒冷希伯來大學的S・史瓦茲博士曾面對一五五位被診斷為肥胖的人說過「苗條身材可顯示一個人的聰明才智」，促使那些人重視瘦身的重要性。結果呢？結果一句話就促使那些人成功地達成兩個月內平均減輕二．〇三公斤的減重目標。

因此建議積極地找出努力的價值。找到之後，對於努力應該不會再感到那麼痛苦才對。

---

①二宮金次郎：本名「二宮尊德」（1787年9月4日～1856年11月17日），日本江戶時代後期農政家、思想家。明治國定修身教科書中收錄這樣的歌詞——「砍柴又搓繩，草鞋作不停。父母好幫手，幼弟照料勤。兄弟友愛深，雙親盡孝心。二宮金次郎，世人好典型。」

②莫札特：1756年1月27日～1791年12月5日，是歐洲最偉大的古典主義音樂作曲家之一。莫札特是一個天份極高的藝術家，三歲便展現出他音樂奇特才能，不僅具備絕對音準更有超出常人的記憶力，六歲已譜出三首小步舞曲和一曲快板。可惜35歲便英年早逝。

③貝多芬：1770年12月16日～1827年3月26日，知名德國作曲家，也是一位鋼琴演奏家，一共創作了9首編號交響曲、35首鋼琴奏鳴曲、10部小提琴奏鳴曲、16首弦樂四重奏、1部歌劇及2部彌撒等等。這些作品對後世音樂發展有著深遠影響。被尊稱為樂聖。

勇敢地拋掉「想活得很有要領」的想法

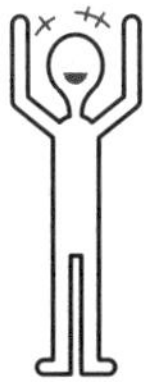

02

好不容易才下定決心要努力，無法持續的話將前功盡棄

我認為，任何領域都一樣，職業選手只要還在崗位上就不能不努力，鋼琴家若對自己的彈琴技術感到自滿而疏於練習，很快地就會變成一個「平凡的人」；健美先生鍛鍊出理想的身材後，想維持身材必須付出相同的努力。

不能因為眼前的成功就說「好啦！到此為止。」而不再努力。

德國馬克斯普朗克研究所的拉爾夫克蘭普博士曾以「平常您都練多久的鋼琴呢？」為題，詢問過業餘鋼琴家和隸屬於西柏林音樂學院的職業鋼琴家，結果發現職業鋼琴家平均每星期練琴三十三小時，相對地，業餘鋼琴家每星期練琴三、四小時。**職業鋼琴家鑑於自己的職業身分而更努力，付出的心血多達業餘鋼琴家的十餘倍。**

因此，即便眼前得到豐碩的成果，還是不能欣喜若狂地嚷嚷著：「太棒了！太棒了！目標達成了！」，然後就停下腳步不再繼續努力。**所謂的「努力」，必須持續才能發揮效果，一旦停下腳步就會開始「走下坡」**，希望讀者們把這句話牢牢地記在心裡頭。

為人父母的很喜歡朝著孩子們說：「現在你一定要好好地用功讀書，考上大學後我就不會再管你，你愛怎麼玩就怎麼玩。」經常以這類說法鼓勵孩子們。

這種鼓勵方法實在很荒唐。因為孩子們若真的把話聽進去，考上大學後就沈溺於玩樂，根本學習不到任何知識，一定會變回一個笨頭笨腦的人，大學畢業後成為被人指指點點為「無用之才」的社會新鮮人。

我也不例外，考上大學後我也曾懷著「這下我可以大玩特玩了」的念頭。家母發現後適時地以「你呀！別一直想玩，也不用去打工，別把事情浪費在那些無關緊要的事情上，我會提供你足夠的生活費，你最好給我拼命地用功讀書！」著實地教訓了我一頓。當時，我還很不以為然地嘀咕著「都考上大學了幹嘛做那種傻事……」。不過，現在回想起來感到很慶幸，感謝母親的諄諄教誨。

學生時代我未曾打工過，偶而會玩一玩，不過，我還記得，平日我一天到晚飢渴似地閱讀著思想方面的古書或心理學方面的論文，還跑去諮商專科學校上課，也上過翻譯方面的線上講座。我認為，現在我能持續地過著作家生活完全是靠當時打下的深厚基礎。成為作家後，噢不！現在，為了寫書，我比過去讀了更多書。

因為我深深地體認到，努力必須持續，否則無法發揮效果。

假設您信誓旦旦地宣布「我一定要減輕五公斤體重」後展開瘦身行動。假設您又成功地減輕了體重，這時候您若聲稱要獎勵自己而大口吃蛋糕，一定會因為復胖而變回原樣。這麼簡單的推論，人們的腦筋顯然是轉不過來。奧運能夠參加就很有意義，努力則不然，只是努力還不夠，必須持續到最後一刻才能確實地發揮效果。

努力無止境，不能說聲「已經夠了」而停下腳步

03

連一秒鐘都別浪費，趁年輕努力地達成目標

被尊稱為搖滾吉他之神的艾力克・克萊普頓① 正式成為職業吉他演奏者之前，演奏活動結束後，同伴都會邀約一起去喝兩杯。

那時候，克萊普頓總是以「喝酒的機會多得是，為了成為一流的吉他手，現在我必須做的是練習吉他而不是喝酒。」謝絕了對方的邀約。

人最容易失去自己的目標。

因此必須隨時意識著自己的目標。

立志當職業吉他手的克萊普頓未曾忘記過自己的目標。和同伴們喝酒並非壞事，一起喝酒有助於增進彼此的感情，不過，對當時的克萊普頓而言，最重要的還是練習吉他。

學生的天職為用功讀書。

交朋友、交女朋友、打工賺錢也不能說毫無用處，不過，真正重要的應該是不厭其煩地努力鑽研自己的專業知識。

大學被戲稱為休閒度假村已經不是三兩天的事情，難免有人抱持著「人生如此漫長，玩個四年又何妨？」的想法，我可無法苟同。

四年在人的一生中的確不算長，不過，**年輕人的四年和老年人的四年則意義大不同。**

年輕時的努力對於爾後的人生關係至為重大，因此我認為必須趁年輕，隨時意識著自己真正想做的事情，好好地努力一番，一分一秒都不能浪費掉。

美國維吉尼亞州克里斯多福新港大學的L・德里斯博士曾指出，對時間的感覺越敏銳越能提高人生的意義。人生只有一回，想要度過真正有意義的人生，就別把寶貴的時間花在不必要的事情上。

深入了解自己想要做什麼事情的人，玩樂時就會立即產生「做這些事情太浪費時間」的念頭。越來越無法靜心地玩樂。

因玩樂而心裡感到很不安後，若能靠努力挽回因玩樂而失去的寶貴時間，那盡情地玩樂就沒關係，**重點是玩樂的時候，腦子的某個角落裡絕對不能忘記自己真正想做的事情。**

與其趁年輕的時候玩樂，不如認真地努力看看。應該趁年輕，冷靜沉著地將心力投注在某一件事情上，設法強化「無所事事、漫無目的地浪費掉人生真的很可惜」的念頭。

① 艾瑞克・克萊普頓：1945年3月30日出生，英國音樂人、歌手及作曲人，在搖滾音樂史上，被推崇為「吉他之神」，除了擁有出神入化的吉他彈奏技巧，創作歌曲中更蘊藏無比真摯豐富的情感。獲得多次葛萊美獎的肯定。《淚灑天堂》（Tears in Heaven），是為了紀念他年僅4歲的兒子康納（Conor）而創作並演唱的一首歌曲。

連玩樂時都不會忘記，
自己最想做的事情

04

趁年輕的時候積極地付諸行動

人們慣於把行動擺在最後頭。

「到時候再做也不遲。」

「等有空的時候再做就好啦！」

不斷地為自己找理由，遲遲不肯動手作。

繼續找理由不肯付諸於行動實在很危險，因為不知不覺間年華就會老去，想做的事情根本沒辦法做，所以說心動不如馬上行動，最好趁年輕及早付諸於行動。

千萬不能等到退休後才想做這做那，結果只能當做興趣，建議養成趁年輕積極行動的好習慣。因為誰也不敢保證自己退休時還能身強力壯，而且，為了避免走到人生盡頭時才後悔，必須懷著想做什麼就趁年輕做的衝勁。

趁年輕積極地挑戰任何事情。

因為年輕時無論活力、體力都旺盛到足夠分給別人。

因為年輕時身上匯聚著絕佳的條件。

年歲漸長後對於任何事情都漸漸地感到力不從心，越來越無法集中精神處理事情。

年紀越大，體力越差，精神越不濟，越來越無法長時間辦事情，就這一點而言，想做任何事情都必須趁年輕。

美國奧勒岡大學心理學家比特魯般森博士曾以十八歲至七十多歲的人士為對象，以「請回答這一個月內您付諸的行動及得到的樂趣」為題進行過相關調查。

據調查結果顯示，年紀越大活動頻率越低，越感覺不出其中樂趣。

因為年紀越大，不管做什麼事情，都很容易感到「興趣缺缺」。

因此我認為，即便該數據僅供參考，「要做絕對得趁年輕」的觀念絕對是正確的。

只要是想做的事情就應該儘量去做，做過後絕少人會感到後悔。不想當一個經常把「早知道年輕時就……」掛在嘴邊的老人，那就養成現在能做的事情就趁現在做的好習慣。

世上不乏年紀大了後還精神奕奕、非常有行動力的老人家。

這樣的老人家絕對不是年紀大後才突然變得精神奕奕，他們都是從年輕的時候開始就很有活力，亦即：從年輕的時候持續到現在。對於這一點，讀者們千萬不能錯誤認定喔！

想做的事情必須趁年輕的時候去做。

這就是絕不會後悔的原則。

任何事情都好，
想做就該積極地去做

05

建立原則後，不管多大的理由都不能打破原則

自己建立的原則絕對不容破壞，絕對不行，因為一旦破壞原則，就會接二連三地破壞原則，再也無法繼續努力下去。

服用興奮劑或順手牽羊偷東西的人為什麼會變成慣犯呢？

他們萬萬不會想到自己會成為慣犯。

起初，他們應該是抱持著「就這麼一次」的心態吧！問題是違反過一次原則後就會接二連三地做壞事。

原則一旦打破就會處於「脫韁野馬」狀態，然後出現「有原則形同沒原則」的情形。破壞原則後容易出現「再做一次又有什麼關係呢」的得過且過心情，完全無視於自己當初建立的原則。因此說違反原則即便一次也很危險。

努力的時候也一樣，原則就是原則，任何狀況下都必須確實遵守。

決定「每天寫漢字」後就必須貫徹到底，不管是高燒達四〇度，過年或外出旅行都必須確實做到。

否則無法持續地做下去。

「因為今天是一個特別的日子。」

「因為今天要和朋友出去玩。」

倘若因為這類理由而設下特例，接下來一定會有更多的例外，再也不想努力下去。因此，不管什麼理由，一天都不能休息。**所謂的持續，應該是不管提出任何理由，一偷懶內心裡就不停地自我交戰著。**

打破原則後就會習慣成自然地認為「打破原則也沒關係」，產生這種心態後就再也無法挽回，因此，即便一次都不能打破原則。

據美國威斯康辛州大學的強尼普拉溫博士表示，人反覆地做過相同的事情後，對於該事情的不安心情就會漸漸地淡化。

然後對於反覆地違反規則、打破原則再也不會覺得有罪惡感或受到良心的苛責，如此一來，再也沒有能力規範自己。

我對自己訂的一條「最低限度，每天必須讀完一本書」的原則，而且已經實際做了十五年，老實說，要遵守這個原則真的不容易。

不過，即便喝得爛醉如泥，一回家我還是會坐在書桌前開始閱讀，不管頭多痛，即便意識朦朧，我還是會把一本書看完，因為，我認為「當作家就必須隨時閱讀書籍以增進知識才行」，所以絕對不會姑息自己。

當心裡出現「可以打破原則了吧！」的念頭時，就是自己和自己決勝負的關鍵時刻。

當邪念產生時必須極力克制，設法戰勝邪念。

當然，該原則完全習慣、融入後，偶而打破一次並無大礙，不過，確實習慣前則絕對不能破壞原則。

「破壞原則後容易養成習慣」這句話必須牢牢地記在心坎裡

06

努力程度和別人差不多，就不夠資格稱之為「努力」

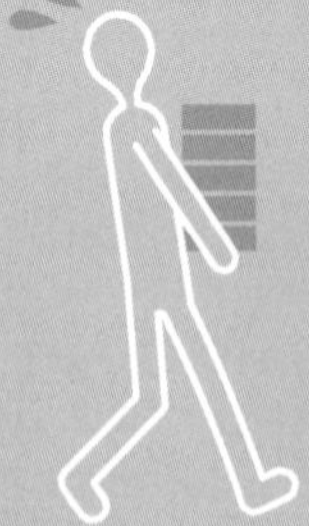

上班族的工作型態通常為朝九晚五。

實際工作時間為七個小時。

因此，倘若有人很自傲地說「我每天上班長達七小時」，別人一定會莫名其妙地想問「這個人到底在說什麼？」，因為大家都工作七小時。

和別人付出相同的心力，不能算是「努力」，必須比別人付出更多心力才可能「比別人更出類拔萃」，必須做到這個地步才夠資格說自己很努力。

週休二日照放假，有薪休假都請光，一下子享受打高爾夫球樂趣，一下子旅行到處玩透透，還大言不慚地說「總有一天我會闖出一番大事業」，根本是異想天開、癡人說夢。只有這種人才敢大言不慚地說「我很努力」，實在讓人不敢恭維。

這種人並非完全沒有努力。

問題是努力程度假使和別人一般般，那麼得到的結果一定很平凡。

自己做的假使都是別人正在做的事情，那就必須拼命地努力才能「跟上別人」，絕對不可能「比別人更傑出」。

經營公司也一樣，並非不努力經營的公司才會倒閉。

即便很努力經營的公司還是會倒閉。

努力經營為什麼會倒閉呢？

原因在於努力的相對量不如其他公司，自認為已經很努力地經營公司，卻發現其他公司更努力，只有自己被遠遠地拋在腦後，公司當然會倒閉。

即便嚷嚷著自己有多努力，努力程度絕對不是零，假使每天只付出三分的努力，那麼，和每天付出八分努力的人差距就高達五分。

自認為已經往前邁進，事實上自己已經遠遠地被拋在腦後。

人們對於自己的所作所為往往會過度推定。

美國德克薩斯大學的凱莉麥克森博士曾以一〇〇〇餘位孩子的父親為對象，提出「您付出多大的心力協助養育兒女呢？」的問題，同時試著以孩子的母親為對象進行訪談，結果發現，相較於母親的認定時間，父親推定自己和孩子們相處的時間平均高出一七・六％。大部分父親都輕易地認定「我有在照顧孩子」。

讀者們到底多努力我並不清楚。

不過，建議讀者們不妨藉此機會想想自己的付出真的能稱之為「努力」嗎？

人們最疼愛的通常是自己，不知不覺中就會放大自己的付出，即便就旁人來看，他付出的程度根本不能算是努力。夠努力的話一定「比別人更傑出」，沒有比別人傑出的話，很抱歉，那就表示還有努力的空間。

別人練習五小時的話，那我們就練習六小時吧！

07

做一個永不服輸的人

人需要靠實力才能在工作崗位上闖出一番成就。

不過，實力、實力絕非一朝一夕能得到，必須腳踏實地繼續努力才可能累積出深厚的實力。

那麼，繼續努力的過程中靠什麼來支撐呢？答案是靠「永不服輸」的企圖心。人必須充滿著和別人競爭的強烈企圖心，否則無法支撐自己繼續努力下去。

「那傢伙意志薄弱，但工作能力很強。」

「他做什麼事情都半途而廢，派工作讓他做的話，工作能力卻超一流。」

這類情形絕對不可能出現。

工作能力強的人，企圖心一定很旺盛。

那份企圖心通常來自「絕不輸給任何人」、「服輸是一種恥辱」的心態。

既然不肯服輸，那就設法具備面對任何比賽都絕對要贏競爭對手的旺盛企圖心。

最不可思議的是，工作上成就非凡的人通常都是不肯服輸的人。

無論高爾夫球、橋牌或計分式卡拉ＯＫ，無論面對任何比賽場面都不肯服輸的人，工作上通常都很有實力。

美國印第安那州的約翰薩馬斯博士，曾經從全美的二〇萬個家庭中隨機抽選出一〇〇〇個家庭，進行過「具備哪些特質的人容易成為領導人」的問卷調查。

據調查結果顯示，自認為自己最適合當領導人者之中「競爭心態強烈」的人高達四二％，居第二位的是「自我主張強烈」的人。

「我最討厭和別人競爭。」

「輸就輸，有什麼好不服氣呀！」

「我本來就不想和別人競爭。」

很遺憾，人若懷著這樣的心態就很難繼續地努力下去，原因在於缺乏企圖心。

工作上碰到任何難題時，假使沒有懷著「還有什麼事情能難倒我！」的氣魄，絕對不可能得到好成果。人必須懷著強烈企圖心，**勇敢地挑戰非自己專**

業領域的工作，抱持著「不服輸」的心態才能累積出深厚的實力。

說聲「這項工作我不會做」而輕易地舉白旗投降，形同向敵人「自動求饒」，碰到難題立即認輸求饒的人，無論在哪個行業服務都不可能勝出。

因此建議與別人競爭時，對於勝負必須抱持著強烈的企圖心。

無論面對多麼不利於自己的比賽，必須和別人論輸贏時，一定要懷著最堅強的意志，絕對不能退怯。

別害怕競爭
一步步地逼近對方！

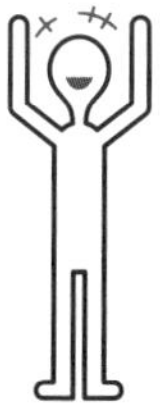

08

把自己逼入絕對不容姑息自己的狀況中

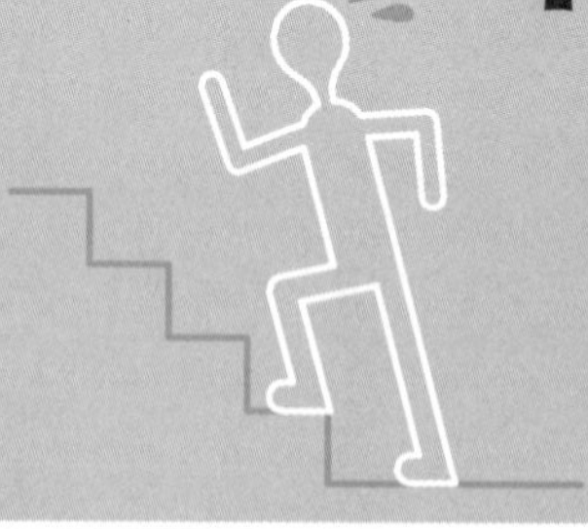

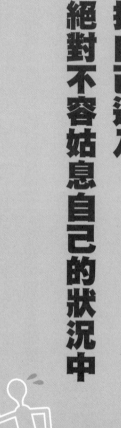

只靠自己的意志力，很容易姑息自己，無法促使自己繼續努力下去的人，若能痛定思痛，把自己逼入「不容姑息自己」的狀況中也是不錯的好點子。

假設您為了改善代謝問題、確實做好健康管理工作，決定每天做五〇個伏地挺身和一〇〇次仰臥起坐。

信誓旦旦地決定後可以預見的是，**若完全靠自己的意志力支撐，「真麻煩，今天暫時休息，明天再說吧！」等縱容自己的情形很快就會發生**。

那麼，怎麼做才能促使自己持續地達成做伏地挺身和仰臥起坐的目標呢？

做法很簡單，建議您前往空手道場。

讓自己處在稍微偷懶一下教練的竹刀就立即落在身上的狀況下，任何人都不敢不繃緊神經。做伏地挺身時手臂有點彎，練習時不夠認真時，馬上會聽到「喂！就是你，再做三〇次！」，必須乖乖地接受嚴厲處罰的話，任何人都會認真地達成目標才對。

「我實在無法集中精神處理工作～」

「我根本無法逼自己認真地工作。」

有這種情形的人建議您不妨換個工作，換一家傳說中「超級嚴格公司」，讓自己置身於一偷懶就會被上司或前輩釘得滿頭包，甚至連拳頭都敲過來的狀況下，到時候您就不敢再姑息自己了吧！

待在不嚴格要求業績的公司裡，不須要太努力就能達成任務。因此，任何人都不會太認真地工作。

相對的，待在一家嚴格要求業績，未達業績就必須接受扣薪水等處罰的公司，每個人都會戰戰兢兢地面對自己的工作才對。

把自己逼入可能遭受到嚴苛鍛鍊或體罰等斯巴達式教育環境中，不管多麼懶惰、意志多麼薄弱的人，都會變成努力不懈的人。因為只有認真努力才不必受罰。

加拿大卡加利大學醫學系的伊莉莎白鮑盧奇博士就認為，「體罰」並非絲毫沒有好處，體罰亦具備教育效果。

日本教育依規定「絕對禁止體罰」，事實上，嚴苛訓練或適度的體罰還是有好處。

近年來，日本高中生的說話禮儀都是打工的時候學會的，在學校或家庭裡只會用到「老太婆，早點做飯好不好。」等粗魯的話。打工的時候這麼說，馬上就會被炒魷魚。工作場合不容許自己太放肆。

打工的人為了不被炒魷魚，必須拼命地學習「歡迎光臨，請問幾位？」等最有禮貌的說法方式。

因此建議您把自己拋入最嚴苛的環境裡。

如此一來，不管意志力夠不夠，您的能力自然會有飛躍性的成長。

故意把自己逼入
絕對不容姑息自己的環境裡！

09

心裡充滿博得異性愛戴的欲望

據說日本的大型綜合商社會為了「慰勞」拼命地工作到深更半夜的男性員工，激發員工的幹勁而雇用長相甜美的女性員工，原因是可促使員工更努力地工作。

從該實例中即可了解到，身邊若有長相甜美漂亮的人，人們就會努力地展現出「最美好的一面」。不管多麼不修邊幅的男性，一想到有漂亮的美眉看著自己，工作時就不會偷懶。

一個人獨自慢跑時通常不會太認真，不過，倘若在體育館裡跑，旁邊又有一大群漂亮的美眉，男士們一定會全力地跑上好幾公里。這也是感覺「別人在看」時衍生的效果吧！

由此可見，把自己逼入不容許自己偷懶的狀況下，鎖定「現場有一大群漂亮或帥氣異性」的場所，效果應該也不錯。男性若一直待在都是男性的工作場所，絕對無法激發出幹勁，因此建議您不妨主動地向公司請調至女性同事較多的部門。

就讀一般高中的學生升上二年級或三年級後，就會依照未來的志願分成私立文學或國立理工，我選讀的是私立文學之路，原因是文學系有很多女生，可促使我更用功地讀書。後來我也的的確確地為了讓女生們看到我最好的一面而拼命地用功讀書。事實證明我的選擇很正確。

其次，我上大學後專攻的是心理學。

這個決定還是著眼於系裡會有很多女同學，因為我認為系裡有很多異性，我一定會特別用功讀書，結果正如我的盤算，**我確實付出比同學們多二、三倍的努力，因為我把自己的企圖心轉換成讀書的原動力**。

「身邊有異性時容易分心，比較不容易集中精神。」

難免有人這麼認為。

當然，具備這種個性的人可選擇自己一個人默默地工作。不過，大部分男性（我認為女性也一樣）還是以有異性存在時工作起來比較帶勁。

因為當我們從工作上得到些許成果時，就會聽到身邊的年輕女孩子們發出：「○○先生好厲害喔！」

「哇～△○先生實在是太帥了！」

類似這樣的讚歎聲，這時候叫我努力到累死也甘心。原因在於，這時候人們的腦海裡就會產生絕對不讓異性、不想讓異性親眼目睹自己最難堪的一面之念頭。

美國紐約州立大學的羅伯特昆準教授曾針對辦公室戀情進行過分析，據該分析結果顯示，回答在職場中談戀愛時工作效率就會提昇者高達一七・一%，由此可見，促使別人將戀愛情愫轉換成工作幹勁是非常有創意的構想。

貓、狗、兔子也一樣，當雄性動物了無生氣時，雌性動物一靠近，雄性動物就會頓時顯得生氣蓬勃。魚類也可看到相同的情形，包括人類在內，可見動物是多麼地單純。

建議積極地把企圖心轉換成工作的原動力

10

隨時懷著「別人會看到自己」的意識

不管對方是同性或異性，懷著「別人會看到自己」的意識，自己就不會再偷懶。

譬如說，一想到自己寫的報告除了直屬上司看到外，各階層的主管或社長都會看到，自己就不會隨隨便便地交出報告，對於報告中的用字遣詞會特別嚴謹，比較肯花時間去推敲。

就這一點而言，假使您認真地寫了業務日誌，卻發現根本沒有人會看時，不管多麼認真的人，一開始或許會規規矩矩地寫，到後來一定會虛應了事地隨便寫寫吧！這就是人性。

商務秘訣之一據說是必須懷著「顧客隨時都盯著看」的念頭。

一想到顧客不知道會怎麼看，陳列商品的手法就會更講究，甚至連店裡是否出現垃圾都很在意，不，不只店裡頭，還會鉅細靡遺地確認垃圾是否掉落在停車場或走道上。

人們會在意別人的眼光後，行為舉止自然就會顯得格外地嚴謹。

因此，即便覺得自己的一舉一動別人不會看到，付諸行動時還是建議懷著

「別人說不定正在看著自己」的念頭。

即便辦公室裡沒人，倘若自己把雙腳翹在辦公桌上，萬一同事撞見，到底會怎麼想呢？隨時懷著這種念頭，您就會自然地挺直腰桿，行為舉止就會顯得更端正。

阿姆斯特丹大學的U．C．克雷伊博士曾以一三八位大學生為對象，以「請您透過網路大量收集某商品相關情報」為由完成相關實驗。

實驗後證實，事先被告知「您必須在實驗單位的監督下完成作業」組成員的工作積極程度明顯高於未事先被告知組。

事先知道自己的行動會遭到監視後，實驗對象的行動顯得更積極，點擊滑鼠次數或連結網路的時間都高於未被事先告知組。印證了「一旦知道別人正在看就不會偷懶」的說法。

因此建議：不管採取什麼行動都必須懷著「上司或前輩可能會看到」的念頭。

重點不在於別人會不會看到，只要懷著「別人正在看」的念頭，自己就會出現自律的行動。

沒有人會明知店裡頭的錄影機不停地來回拍攝著畫面而故意偷東西，顧客順手牽羊偷東西一定趁店員沒有看到的時候。從這類實例中亦可看出，在乎別人的目光有助於規範自己的行動。

懷著「別人正在看」的意識有助於防止自己偷懶

Column

只要努力，任何人都能成為超一流的人才

前往美術展館看展時，經常聽到「真厲害，畫得和照片一樣漂亮！」的讚歎聲。

不過，藝術家其實是付出嘔心瀝血的努力，才能完成一幅幅了不起的畫作，一想到這裡，就不會覺得太不可思議，因為畫家們很可能從小就反覆地練習素描。果真如此，那麼，畫家完成酷似照片的畫作應該說是理所當然。

畢卡索是舉世聞名的天才藝術家，留給後人的畫作多達八萬多件，假設他從十歲畫到九十歲，八十年間畫完成八萬多件畫作，那麼，一年必須創作一〇〇〇件，必須以一天完成三幅畫作的速度持續地完成，由此可見，畢卡索的努力程度是多麼地驚人。

人們談到各行各業的專家時，經常以「因為他是天才」一語帶過，完全沒有考慮過他們付出多大的努力，所以自己永遠無法成為專家。

連知名天才作曲家莫札特都必須非常努力地徹底研究巴哈、海頓的音樂。此外，他們從小就被父親嚴厲地鞭策鍛鍊過的艱辛過程也不容忽視。

人們會庸庸碌碌地過一生絕對有原因。

因為努力的程度明顯不足。

努力程度足夠的人就一定會成功。

英國提賽德大學的吉姆哥比博士曾以一一五位職業橄欖球選手為對象，調查過名列前茅的選手和成績平平的職業選手之差異。

結果發現，排名越前面的選手越認為「努力是絕對不可或缺的條件」，

調查結果令人震驚。

人們一看到成功的人總是說「那是他運氣好、他本來就比較有才華」等拼命地找理由，事實上，他們和我們的最大差異只是努力的程度不一樣罷了。

人生一帆風順確實需要靠點運氣，人卻不能靠幸運之神眷顧而永遠一帆風順。

那些突然爆紅而後又消失的人，都是得到幸運之神眷顧後欠缺努力而無法繼續維持成就的人。受到幸運之神眷顧後必須努力地維持，否則成就總有一天會消失。

人們對於幸運、才能等容易過度地評價，事實上，最重要的應該是努力。被稱之為天才者的努力程度絕對不容小覷，光是這一點就和一般人明顯不一樣。

Part 2

想持續努力時
絕對必要的
心理技巧

11

腦子裡想像著玫瑰色般美好人生、臉上洋溢著愉快的笑容繼續往前邁進

假設付出相同的努力，一種是努力時心裡想著「反正不會很順利？」，另一種是滿心希望地認為「一定會很順利」，兩者的努力持續效果一定會出現顯著的差距。

重點是面對自己的未來時，腦海中最好想像著玫瑰色般美好人生。**想像自己會有一個光明燦爛的未來，心情愉悅地繼續努力下去就不會覺得很辛苦，可以快快樂樂地繼續努力下去**。

歌手席琳狄翁被問到「您開始投入歌手活動時曾想過唱片會暢銷數百萬張嗎？」時，非常堅定地回答「是的，因為我從五歲起就一直懷著這個夢想」。她內心裡一定充滿光明燦爛的未來，經過努力的練習後才成為歌手，因此，無論練習過程中吃過多少苦頭都不會引以為苦。

想像自己會有一個美好的未來即可發揮催眠似的效果。

一想到快樂的事情就會刺激到大腦的快感神經，然後分泌所謂「多巴胺」的神經傳導物質。大腦分泌多巴胺後，人們面對任何事情都會顯得更積極。

順便一提，促使大腦分泌多巴胺的訣竅為面對任何事情都感到很快樂。快樂做事的念頭一旦產生，就會馬上刺激到快感神經，對於從事創造性工作的大腦新皮質或促使產生幹勁的伏隔核具備活化作用。

科威特大學的H・哈珊博士表示，凡事只看、只想光明面的人，面對事情時就會顯得比較「積極」，這種人絕對不會悲觀看待事情，總是自動自發地繼續努力下去。

即便努力程度相同，想像著悲慘的未來，工作幹勁就會漸漸地消失。以上情形和考試時只想著「反正一定考不上」、「當個重考生真遜」之類的負面想法，就會失去用功讀書動力的情形一樣。腦子裡只想著美好的結果才是考試及格的不二法門。

我高中時讀過和田秀樹① 專為考生編寫的參考書，書上寫著「建議同學們想像著考上大學後交個漂亮的女朋友，快快樂樂地度過大學生活的情景，好好地拼一拼。」不用說，我當然是照著做，而且輕輕鬆鬆地就考上了大學。後來發現從心理學角度看，那個方法非常合乎道理。

資格考時也一樣，懷著「拿到這項資格一定會成為女孩子們的偶像」、

「拿到資格後一定可以賺進大把鈔票」之類的念頭，K起書來一定更起勁。想到美好的事情時，大腦就會不斷地分泌出催眠物質，促使自己持續地努力下去，一點也不覺得疲累。

① 和田秀樹：1960年出生於日本大阪，東京大學醫學部畢業。精神科醫師、評論家、小說家。

度假、約會，
腦海裡隨時想像著美好的未來

12

把任何事情都連結到「幹勁」上

長嶋茂雄① 還以球員身分縱橫球場期間，據說一碰到晴天鬥志就特別高昂，總是心情愉悅地刮了鬍子後出場迎戰。長嶋先生的拿手絕活是碰到任何事情都能轉換成幹勁。

他的方法非常值得參考。

不管發生什麼事情都想成「那是好預兆」。

話說「精誠所至金石為開」，即便是毫無關係的事情，只要自己認為有關係，就會產生暗示效果，成功地導引出美好的結果。

看到路旁開了一小朵蒲公英，就認為「今天一定可以順利地簽約」。搭上一班擠滿乘客的電車，偶然發現有位置可坐就認為「今天一定有好事會發生」。

購物後把皮包裡的零錢都花光，就認為「今天一定會有美好的邂逅」。

如前所述，**碰到任何事情時都往好處想，都往對自己有利的狀況上連結，就會發現自己漸漸地充滿了幹勁。**

讀者們或許會認為這種方法有點奇怪，事實上，活躍於各領域的專家們也都這麼做。

荷蘭伊拉斯莫斯大學的心理學家Ｍ・席帕斯博士曾與一九七位足球、芭蕾、曲棍球等運動界的頂尖選手取得聯繫，調查過他們對於禁忌或迷信的相信程度。

結果發現，八〇・三％的職業選手非常重視，且想法積極正面，平均擁有二・六個一般人避之唯恐不及的禁忌。

例如：「有重要比賽前吃肉就鐵定會贏」，職業選手中十個就有八個人相信，而且都非常重視。

所謂的禁忌根本是「當事人一廂情願的想法」。

大部分禁忌並無科學依據。

不管有沒有依據，當事人堅信「有效」就會呈現出效果，這就是人類最有趣之處。

即便開了毫無治療效果的藥劑，醫師若信心十足地告訴病人「吃了這帖藥後絕對可以治好你的病」，結果，病人吃藥後真的發揮藥效治好了疾病，該現象醫療界眾所周知，稱之為「安慰劑效應」。

禁忌情形也一樣，當事人若堅信不疑，就可能心想事成地得到該結果。因此，「每次經過花店前，我都會告訴自己今天鐵定會有好事會發生」，心裡懷著許多好念頭，儘量往好的方向行動，即可大幅提升行動力。

此外，自行營造好兆頭時，當然是越積極正面越好，千萬不能懷著「出門見到烏鴉就一定會遭遇不幸」之類的負面想法。

①長嶋茂雄：1936年2月20日出生，日本千葉縣佐倉市出身的職業棒球選手、監督。目前則為中央聯盟讀賣巨人終身名譽監督。長島茂雄就讀於立教大學時，即是東京六大學聯盟棒球十分活躍的球員。從1958年到1974年效力於日本職棒讀賣巨人隊，是巨人隊的中心打者。

「吃肉就鐵定會贏」
積極地創造這類好兆頭

13

身上攜帶「紅色」的物品

眾所周知，能夠促使人們產生幹勁的是素稱「腎上腺素」的荷爾蒙。腎上腺素是一種分泌自腎上腺，分泌後可促使人體處於興奮狀態，心跳加快，血壓上升，擴張氣管以大量吸入氧氣等作用的激素。

促進分泌腎上腺素就能活化身體機能，激發出幹勁。身上攜帶「紅色」的物品即可有效地促使身體分泌腎上腺。因為看到紅色就能活化交感神經，讓人顯得更有活力。

為什麼鬥牛場上的鬥牛士習慣使用紅布揮舞呢？其實這並不是為了讓牛興奮（牛其實是色盲），而是要讓鬥牛場上的觀眾們興奮。因為比起其他顏色，紅色對人類的視覺更具有刺激性。

想盡辦法還是無法激發出幹勁時，建議您找出紅色物品，注視片刻。一時找不到紅色的物品時，不妨上街找找看，一定能找到紅色的招牌，找到後凝視招牌。或者，教您一個既省時又省事的好辦法，那就是包包裡放大紅色手帕或鉛筆盒之類的物品，感到疲累時就拿出來瞧瞧。

美國克雷頓大學的南茜史東博士曾以一二八名大學生為對象，請學生「懷著航空公司預約服務人員的心情接受乘客的預約」後完成相關實驗。但，學生配合實驗前，史東博士事先準備了牆壁至天花板之間的顏色分別為紅色和藍色的兩個房間。

實驗後發現，相較於待在藍色房間裡處理相同的事務，待在紅色房間裡的學生更迅速地完成更多筆的乘客預約事宜。被喻為「燃燒的鬥魂」的安東尼奧豬木①出場比賽時總是穿著大紅色短褲的身影令人印象深刻，現場觀眾的鬥志因為紅色而熊熊地燃起。

職業高爾夫球名將石川遼面臨重要比賽時都會穿上紅色襯衫或長褲，他的穿著打扮或許就是在對自己說「加油囉！」為了鼓舞自己的士氣吧！

缺乏幹勁、鬥志或活力的人，即便勉強自己也必須想辦法激發出來，「紅色物品」就是此時的絕佳工具。姑且不論個人喜好，建議隨時準備一些紅色的物品帶在身邊。難免有人喜歡黑色或白色，不過，我還是覺得至少準備一件紅色的物品以備不時之需更妥當。

穿上一身紅通通的衣裳的確太刺眼，建議別這麼穿比較好，不過，徹底地做到身上攜帶紅色的物品真的是個好辦法。

此外，看書時想在自己比較在意的部分畫線時，狀況許可的話，應儘量避免用黑色筆，建議使用紅色原子筆，因為，相較於使用其他顏色的筆，以紅筆畫線更能提昇閱讀效果。

懂得巧妙運用紅色後，就能自由自在地提昇自己的積極度。

---

①安東尼奧・豬木：1943年2月20日出生，本名豬木寬至，出生於日本神奈川縣橫濱市，是已退休的日本職業摔角選手及綜合格鬥家。在日本職業摔角與格鬥技的發展史上佔有很重要的地位。

激發不出幹勁時
立即尋找紅色標的

14

努力沒必要呼朋引伴、努力必須靠自己一個人

棒球或足球之類的團隊運動當然少不了團隊練習，因為經過團隊練習才能提昇整個團隊的水準。

團隊練習的確很重要，不過，基本動作卻必須靠個人的努力而不是團隊練習。**「自己一個人」才是努力時的絕對條件。**

一流棒球選手當然都會參與團隊練習，不過，他們更重視的是「個人練習」，都是以自己的方式從事揮棒、甩毛巾、傳接球等練習，絕對不會僅止於團隊練習。選手更重視的反而是個人練習。

溫習功課亦常見採用集體方式。

亦即：邀集志同道合的好友一起溫習。

從小我就很討厭集體溫習方式，我認為溫習功課應該自動自發而不需要呼朋引伴。

集體溫習功課為什麼不好呢？

因為**一大群人聚集在一起就很容易出現偷懶的情形**，很容易停下來聊天或休息較長的時間，因此，效果必定低於自己一個人溫習。

獨自一人時，人們才肯使出全力

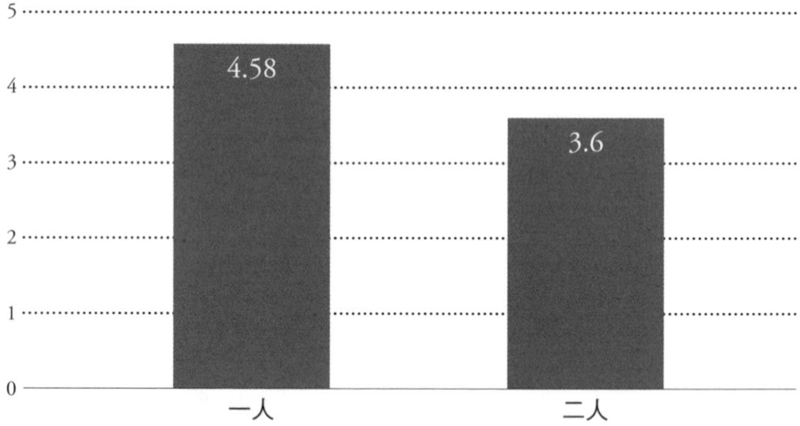

＊數值為「努力的自我評價」，越接近5分表示越使出全力。
（資料來源：Jackson. J. M., & Harkins, S. G.）

心理學相關術語為「社會惰化現象」。

假設獨自**一人出力時為一〇〇，二人時為九〇，三人時為八十五，發揮的力量依序遞減的情形就叫做社會惰化**。組隊或編組後人們就很容易出現姑息自己的情形。

美國紐約復旦大學的心理學家潔弗利傑克森及同事哈金斯博士曾邀集四二位女大學生，請學生「儘量大聲吶喊」後完成實驗。實驗時請女大學生進入隔音教室，要求學生「哇～！」地盡全力大叫出聲。

實驗前先設定好「獨自一人大

叫」以及「與別人配對後大叫」的兩種條件。

您認為哪種條件下學生比較肯努力地大叫出聲呢？

實驗結果如前頁上半部的圖表，從圖表中即可清楚看出，獨自一人時，人們比較肯努力。兩個人做同一件事情時比較會偷懶。

努力時絕對不能靠別人。無論如何都必須自己一個人完成。隨隨便便地編組或組隊，想要努力地打拼，反而容易失去幹勁或更容易偷懶。這一點請讀者們務必留意。

成群結隊呼朋引伴
人們更容易偷懶

15

姿勢必須端正

打坐、茶道、圍棋、將棋等最重視「姿勢」，劍道、空手道也是如此，入門時老師都會嚴格要求學生姿勢必須端正。

老師為什麼不厭其煩地強調姿勢的重要性呢？

因為，除了美觀外，就經驗而言，老師認為姿勢端正具備刺激大腦，促使精神更專注等作用。**挺直腰桿有助於提昇集中力、記憶力、持續力**。

學校的老師們最清楚，彎腰駝背的學生通常比較無法集中精神，成績也比較差。姿勢不良的孩子學習興趣較低，無法持續地學習同一件事情。因此老師總是苦口婆心地要求學生必須保持良好的姿勢。

不管做什麼事情，最重要的是必須保持良好的姿勢，養成習慣前難免感到辛苦或容易感到疲累，習慣後就會發現，相較於姿勢不端正時，保持良好姿勢比較不會覺得那麼累。

姿勢不端正看起來輕鬆，事實上非常容易累。

相反地，姿勢端正反而比較不容易累。

工作的時候也一樣，姿勢端正地坐在桌前的人可持續地工作兩、三小時都不用休息，姿勢不良的人總是坐立難安，不停地換腳翹腳，頻頻地停下來休息。姿勢不良時，工作的持續力可能因此而消失。

看漫畫或電視時，我的姿勢通常不會很端正，不過，一坐到電腦桌前，我一定挺直著腰桿，留意自己的坐姿，因為我從經驗中學習到，坐姿端正時，工作效率特別好，工作的持續力也提昇，長時間工作也不覺得厭煩。

美國心理學家Ｈ・Ｗ・強森就曾指出，無論運動或工作，姿勢正不正確真的很重要。要求讀書比較沒耐性的孩子養成良好讀書習慣時，最好從姿勢開始要求起。

「你看，又彎腰駝背了！」

「欸，頭又太低了！」

大人不妨出聲提醒，要求孩童必須保持良好的姿勢，這時候，孩童可能以「看書和姿勢又有什麼關係呀！」之類的話語頂撞大人，大人還是必須嚴格要求孩童端正自己的姿勢，因為孩童若能保持良好的姿勢，除可增進學習效果外，連持續力都可大幅提昇。

從事業務工作的人員，除閱讀說話技巧相關書籍以增進知識外，建議您多加留意平常的走路方式或坐姿等，努力地讓自己的一舉一動顯得更落落大方，因為業務人員的基本工作為外出拜訪客戶，走路方式正確比較不容易疲累，體態上也比較優雅大方。

努力地修正自己的姿勢，集中力、持續力也會跟著變好。假使每天都感到累兮兮，很可能是您的姿勢有問題，建議您隨時留意自己的姿勢。

隨時抬頭挺胸地過生活

16

工作情緒最高昂的時候
千萬別休息

持續地從事某件工作時，適時地休息有助於持續地完成該項作業。

工作過程中適度地放鬆和休息即可促使幹勁復甦，使「來，幹活吧！」的好心情源源不絕地湧出。

可用於證實這種情形的資料非常多。

美國德克薩斯A&M大學的史蒂芬史密斯博士曾針對大學生面對困難考題時，中途讓學生休息五分鐘，學生答題正確率明顯高於完全沒有休息時，該份報告就是其中之一。

不過，最近我卻認為「工作過程中頻頻地休息反而可能影響工作效率」。

我的認知和心理學相關研究結果正好相反，不過，就我個人的經驗而言，我還是認為休息未必全然無害。

例如工作的時候。

工作情緒最高昂的時候假使停下來休息，順順的工作情緒容易被打斷，休息後工作效率很可能因此而變差。

撰稿靈感特別好的時候若因為「休息時間到」而跑去休息，返回座位時很可能因為失去靈感而使緊繃的工作情緒鬆懈掉，無法繼續提筆寫下去。

因此，近年來，只要是集中力特別高的時候，我絕對不會輕易地休息，因為，好不容易才培養起絕佳靈感，萬一打斷那就太可惜。

撰稿時我也不接電話，請別人不管多緊急都不必把電話轉給我，因為，頻頻地接電話可能打斷好不容易激發出來的幹勁，幹勁失去後必須重新激發實在太麻煩。

必須多久休息一次才算適度則因人而異。

牛頓等知名科學家全心投入研究時，據說至少兩、三天不眠不休地持續工作著，這類工作狂不須要休息。

工作愉快時人們早把勞累拋到九霄雲外。從事高爾夫或海釣等自己最喜歡的活動時，往往回過神來已經過了好幾個鐘頭，可見從事自己最喜歡的活動時不需要休息。

同樣的情形，工作本身很有趣或喜歡努力工作的人，工作過程中也不須要頻頻地休息。倘若您是因為惰性而愛休息，建議您馬上想辦法改掉。

有些人一到了早上十點或下午三點就會喝喝茶、休息休息，做法若符合自己的步調就沒關係，假使發現休息後工作效率反而變差，那就建議乾脆別休息。

休息後工作效率反而變差的情形也可能發生

17

積極地將自卑感轉換成幹勁

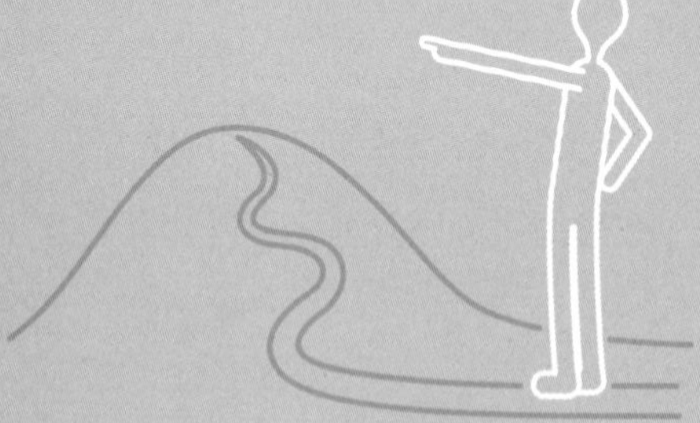

「因為我不夠機伶。」

「因為我不夠聰明。」

懷著這類自卑感、不如人的感受，基本上，對自己並沒有好處，不過，假使運用得當，自卑感也能轉換成工作的原動力，由此可見，自卑感並非一無是處。

精神分析學家阿德勒曾說過「人就是因為懷著自卑感而想盡辦法要克服自卑感」。

內向靦腆、軟弱沒自信、工作能力差、長相醜陋等，任何情形都一樣，總之，自卑感越重越想克服，營造出來的幹勁就越強烈。

未曾有過自卑感，一直過得很安逸快樂的人，不會產生必須改變自己或努力工作之類的想法，因為他們不必努力就能過得很幸福，沒必要花心思去幫自己找麻煩。

就這層意義而言，懷著自卑感的人意志反而比較堅強，總認為「我怎麼可能輸！」

生長在貧窮家庭的孩子容易懷著自卑感，同時也比較會夢想成為有錢人，甚至會為了實現夢想而不辭勞苦地鍛鍊，然後順利地登上拳王寶座或成為創業有成的實業家。他們的原動力完全來源於自卑感。

生長在經濟尚可溫飽的中產階級小康家庭的人，心裡比較不會產生自卑感，相對地也比較不容易培養起飢渴精神。

世上不乏生於貧窮家庭，連積木都買不起的人，長大後卻成了建築家。聽說小時候他們家連一般家庭隨處可見的木頭積木都買不起，父母只能買一些廉價粘土給他玩。

他卻邊玩、邊把粘土捏成各種形狀，自然地學會粘土該捏多粗才能發揮柱子作用等原理。他成功地成為建築家，促使他功成名就的卻是少年時代就埋藏在內心裡的自卑感。

自卑感運用得當，有時候可當做鼓舞自己的利器。因此，老實說，自卑感較重的人應該算是幸福的人。

「我是一個頭腦很不靈光，不，豈止是不靈光，根本是頭腦很笨的人。」

我一直懷著這種自卑感。因為，國中時期我的標準分數才四〇左右，不管考試前還是考試後，我都不會多花一秒鐘去溫習功課。

現在雖然長得有點像個知識分子，自卑感卻始終無法消除，因此深深地期望著自己能拼命地閱讀，或多或少地彌補自己的不足，而且巧妙地將自己的期望運用在工作上。

所以，我認為懷著自卑感的人應該算是幸福的人。

倘若您一直認為自己很卑微，經常陷入自我嫌惡情境裡，建議您不妨想想辦法把那種心情轉換成幹勁。

自卑感重的人是幸福的人

18

慎選交友對象

自己或許不太注意，事實上，人們受周遭朋友的影響非常大。俗話說「近朱者赤、近墨者黑」，不知不覺中我們已經學會了周遭朋友們的行動或思考習慣。

讀者們密切交往的朋友假使都是一些工作士氣不高的人，您會受到什麼影響呢？

「啊～好累喔！什麼都不想做。」

「週末能不能快點到呀！」

「工作好無聊，實在不想做。」

身旁假使都是一些愛發牢騷，有事沒事就唉聲嘆氣的人，建議您不如乾脆和這些人斷絕往來，因為，和懶惰的人在一起，自己很可能也成了懶惰的人。

結交朋友當然是以精力旺盛、全身充滿幹勁、積極地往自己的目標邁進的人比較好，因為和他們一起行動，您也會變成一位積極進取、充滿活力的人。

美國加州州立大學的湯馬斯塞博士曾透過實驗，深入了解人與人之間的心裡狀態對彼此之影響。結果發現，和個性開朗的人在一起，自己的心情也會變開朗；和情緒低落的人在一起，自己的心情也會變鬱悶。

不管自己多努力，身邊假使都是「連擦汗都嫌麻煩」的人，總有一天您也會覺得努力是很愚蠢的事情而放棄，因為人很容易受到壞朋友的影響。

既然要受影響，當然是多受一些好的影響比較好囉！

所以說**必須慎選交友對象，找一些積極進取、工作很努力的人做朋友**。

頭腦不好的人選比較注重升學的學校就讀，自然會變得比較愛讀書，因為身邊都是一些愛讀書的好學生，受到影響產生「好，我也稍微努力一下吧！」的念頭後，自然變得愛讀書。

假使就讀三流學校，即便本人信誓旦旦地表示「別人不讀，我可以自己讀呀！」，總有一天還是會受到壞的影響，不想用功讀書。不管自己的讀書士氣多高昂，假使周邊都是對讀書興趣缺缺的同學，很自然地就會變成不想讀書的人。

子曰：「無友不如己者」。

孔子諄諄教誨的就是這一點。

告訴我們結交朋友時必須慎選對我們會有好影響的人。

多結交積極進取、精力旺盛的朋友

19

凡事不能太苛求

近幾年來受經濟不景氣之影響，各企業都拼命地縮減著經費。

各企業像在大合唱似地不斷呼籲員工「必須竭盡所能地節省經費」。

我卻認為這股風潮不值得效法，因為，高層若「縮減經費、縮減經費」地拼命要求，很可能導致員工們漸漸地失去了幹勁。過於苛求對員工們可能造成「心理上的沈重負擔」。

「必須搭電車，禁止搭計程車。」

「影印過的紙張別丟棄，背面可當做便條紙。」

「出差不得住宿，必須當天返回。」

上司若以這麼瑣碎的規定苛求員工遵守，很可能連員工們的工作熱忱都抹煞掉。

就算成功地縮減了經費，假使員工們的工作熱忱被抹煞掉，一切的努力終將得不償失，經營者必須理解這一點。

重點不在於縮減經費，而是應該以「經費儘管花，但必須花得有代價」激勵員工。若能得到好的結果，花多少經費都值得。

以下介紹一則我前往某地方演講時的經驗。

當時，因為主辦單位表示已經為我預約了飯店，所以，到了當地就滿懷感激地打算入住該飯店。到達飯店後才發現，主辦單位預約的竟然是一家既老舊、又髒兮兮的飯店，令我不由地感嘆「主辦單位真行，竟然能找到這樣的飯店」，不禁讓我懷疑起主辦單位的誠意。

預約便宜的飯店確實可省下不少住宿費吧！問題是少花數千日圓若影響到我這個演講者的心情，隨便說說，敷衍了事，後果該由誰負責？那場演講若因此而失敗，吃虧的難道不是主辦單位嗎？

節省開銷時必然得減少辦公室裡的燈泡，讓員工們在不夠明亮的辦公室裡工作，若因此而影響到員工們的心情，損及生產效率，節省開銷的做法就不能算是成功。絕對不能單純地因為「水電費減少」而欣喜。

的確，**不該花的經費就沒必要花。不過，過於苛求可能成為人們心理上的沈重負擔**。

公司若過度熱衷於縮減經費，可能導致員工們產生「公司經營真的這麼……」之類的想法而喪失幹勁，甚至出現「公司財務如此困窘，該趁早說BYE-BYE才行」的念頭。

沒有錢，人們的心裡就會越來越焦慮。錢包裡沒錢時，人們很難心平氣和地繼續工作下去。相反地，錢包裡若塞滿千元大鈔，人們就顯得格外意氣風發。

聽說流氓大哥就是因為錢包裡塞滿千元大鈔而出手特別闊綽，這一點我們也該多多學習。

絕對不能要求得太苛刻，想喝咖啡時別到自動販賣機買，建議到飯店的酒廊裡點一杯要價一千日圓（相當於台幣三百元）的咖啡喝，好讓自己覺得自己像個大人物，促使自己的幹勁源源不絕地湧出。

錢包裡隨時裝著「足夠的錢」

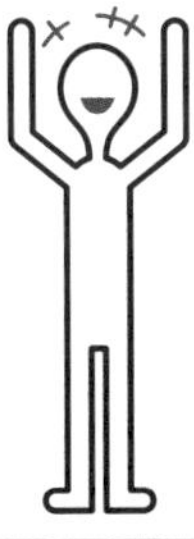

20

一定要擺出背水一戰的陣仗

圍棋界的名譽棋聖藤澤秀行①先生就曾指出，職業棋士失去更上一層樓的企圖心，成績一天不如一天的最大原因是開始接受公司行號的社團或個人的邀請，從事圍棋指導工作賺錢，以該收入餬口。沒得賺錢時只能拼命地學圍棋，而有地方賺鐘點費後，好歹可勉強餬口度日時，學習圍棋的熱度就會漸漸地降溫。

凡事都是一體兩面，出現「好歹可……」時絕對不是好事。

其實我很想做做別的事情，問題是繼續待在目前的公司裡，至少還有一份薪水，不必擔心餓肚子，抱持這種心態的人絕對下不了決心辭掉工作。一定會為了維持生活喪失了幹勁。

讀過笠原真澄撰寫的《給下不了決心辭掉工作的您》（SANCTUARY出版社）書籍後才知道，心中懷著夢想卻繼續努力工作的人還真不少。

大家都有夢想。

都有想做的事情。

卻遲遲沒有辭掉目前的工作，完全是因為繼續待在公司裡就會感到很安心，因此無法斷然的辭掉工作。

這時候建議您一定要鼓起勇氣，擺出背水一戰的陣仗。

即便太太叮囑「千萬不能輕易地辭掉工作」，即便上司恐嚇「失敗的話你知道後果多嚴重？」，若您果真有想做的事情，建議您一定要大膽地去實現自己的夢想。

人被逼到走投無路時，就會激發出連自己都無法想像的潛力。瑞士蘇黎世大學的柯尼立斯刻尼格博士將考試前學生們才想認真地溫習功課的現象稱之為「deadline rush」。在「毫無退路」狀況下，人們才會爆發出意想不到的力量。

安全別針的發明人就是在女朋友父親提出「十天內賺進一千美元我就把女兒嫁給你」的無理要求後，激發出安全別針的創意構想，然後靠該權利賺進一千美元，順利地和女朋友結婚。由此可見，人處在極限狀態下可能變成無所不能的人。

為了追求夢想而拋開一切的舉動確實很魯莽，同時也是極具風險的行為，嚐試過程中遭到挫折時，還必須面對永遠無法翻身的窘境。

即便必須冒風險，還是建議您鼓起勇氣拋開一切，勇敢地去追求夢想。

擺出背水一戰的陣仗，拚盡全力往前衝，夢想就一定會實現。

為了追求夢想，人通常都會拚命地付出最大的努力，結果是，一定會心想事成地創造出最美好的未來。

① 藤澤秀行：1925年6月19日～2009年5月8日，日本著名圍棋棋手，日本棋界傳奇人物，其棋風豪爽，布局尤為精巧被稱為「前五十手天下第一」，1950年代至1960年代與「剃刀」坂田榮男齊名。獲得冠軍稱號23個，包括棋聖六連冠，受封名譽棋聖。

有夢想的人一定要勇敢地阻斷自己的退路

Column

養成早睡早起的好習慣

每天都精力充沛地過生活的人的最顯著特徵為「睡眠時間很短」。一般人必須每天睡上八小時，他們的睡眠時間頂多六小時。

據美國奧勒岡大學的布蘭登彼得博士表示，人的工作勤奮程度和睡眠時間正好呈反比，工作越勤奮的人睡眠時間越短，因為精力旺盛的人不須要長時間睡眠。

精力充沛的人早上一醒來就會立即下床，不會懶洋洋地賴在被窩裡。

過去，我是一個十足的夜貓子，每天都要睡到中午過後才醒來，直到傍晚都還在發呆，總是混到傍晚過後才開始工作，還自以為是地認為，作家的生活就是這樣，過了一段非常無趣的生活。

後來才終於發現，當時的做法毫無生產效率可言。

某天早上偶然早起，一如往常地工作著，完成一整天的工作量後，驚然發現才早上十一點。「嗄，還是早上！」，從此我完全逆轉生活方式，頓時蛻變成早起的人。

更讓我驚訝的是，早起後精神特別舒爽，幹勁源源不絕地湧出，總之，現在我已經成為一個精力充沛的人。俗話說「早起的鳥兒有蟲吃」，事實上，早起的好處絕對不只有蟲吃。

當您一直提不起精神，覺得全身懶洋洋，問題可能出在睡眠習慣上，建議您不妨提早一小時睡覺或起床，改變一下生活步調。

通常，夜貓子的生活比較懶散，行動比較不積極，生活得比較浪費時間，實在不能算是好習慣。

『小人國大歷險』作者斯威夫特就曾說過，「習慣於晚起的人，難以成為了不起的大人物」，希望活動時總是精力充沛的人，建議養成早睡早起的好習慣。

養成好習慣，早上就完成當天的大部分工作，即可節省下許多寶貴的時間，然後，利用節省下來的時間做其他事情。

「工作太忙，沒時間讀書。」，說這種話就表示不懂得善加利用時間，充分運用早上的時間就能擠出許多寶貴的時間。

總之，一定要早起，比公雞還早起，早早地起床活動，就能成為一個精力充沛的人。

Part 3

「毅力」和「活力」源源不絕地提昇的心理技巧！

21

基本訓練最重要、只從事最基本的鍛鍊

因百格計算法而深受矚目的陰山英男先生最重視的是基礎學習能力，認為學數學應著重於計算能力，學國語應注重漢字，必須要求孩子們不斷地練習「讀、寫、計算」到幾乎感到厭煩為止，以奠定最基本的學習能力。學習過程中難免出現孩子們嚷嚷著「計算方式我都懂了嘛！」、「能不能讓我做一些新的題目呀？」等顯得很不耐煩的情形。

陰山先生一直很重視基礎學習能力的主要目的並非單純為了提升學習能力，而是希望孩童們能培養出「堅忍度」、「集中力」或「自信心」。陰山先生的指導方式我非常贊同。

談到這裡不由地讓我回想起高中時採用過的英語學習方式，我的方法是持續地抄寫單字或片語。學習過程中難免聽到「靠單字集記單字根本無法提昇英語能力」、「抄寫單字不可能學會說英語」等雜音，我總是充耳不聞，繼續地在紙上抄寫練習單字或片語。

直到現在我還是認為──**與其絞盡腦汁做困難的題目，不如把最基本的知識讀出聲音或寫在紙上才是最實在的熟記方式**。

採用這種學習法的優點是有助於培養「毅力」或「幹勁」，而不是單純地學習知識。

一流職業棒球選手不會特別去做一些中看不中用的練習，總是默默地揮著球棒或慢跑到滿身大汗，練習方式基本上和業餘選手沒兩樣，只練習揮棒或慢跑，絕對不會說出「我對這種練習方式感到厭煩，讓我做做別的練習」之類的話，因為他們心裡最明白，對他們而言基本練習最重要。

人無法繼續努力的主要原因是太容易轉移目標，一直想做新鮮事。發現自己做的和別人說的、書上寫的不一樣，就很容易受到影響而放棄努力。

例如：減重失敗的人通常為聽到朋友推薦「蘋果的減重效果好」就一直吃蘋果，看到電視節目上宣稱「香蕉具備減重效果」就拼命吃香蕉，這種人通常都無法成功地減輕體重。

活躍於相撲界期間因「實力太強而令對手恨得牙癢癢」的橫綱北之湖曾為了提昇相撲實力而聽從別人的建議，從事過網球或重量訓練，後來發現練習相撲才是最有效的辦法。以結果而論，從事基本練習才是最正確的做法。

美國加州大學的理查克拉屈費爾德教授亦指出，一直因為別人的意見而放棄努力，很容易失去信心而無法繼續行動，最好能懷著不管別人說三道四都不會受影響的堅定意志。

當您努力地從事某件事情時，一定會碰到「那種做法太老套」、「那種方法太沒水準」等說三道四的人。

建議您把他們說的話當做耳邊風。

不妨以「嗯，可是…這種方法看起來很適合我」之類的話，輕描淡寫地回應一下對方。這一點非常重要，本書中將另闢單元做更深入的探討。

展開新計畫時
切勿過於頻繁地轉移目標

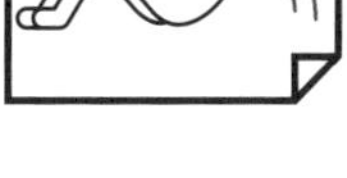

22

自己的努力千萬別四處張揚

當您開始努力時，應該（說必定也不為過）會有一些「關心您的人」出來為您提供意見。

「噢，不行，那麼做效率太差。」

「什麼？那種做法你認為行得通嗎？」

「唷，有必要那麼拼嗎？」

以這樣的口氣提供意見。

他們或許是真心地想要給您一些寶貴的意見。

問題是對方若以這種口氣提供意見，一定會扼殺了您的幹勁。即便您努力地不去在乎別人的閒言閒語，還是可能因為別人的意見而受到打擊，顯得意志消沈。

據亞利桑那大學的布雷納德博士表示，把別人的話聽進耳朵裡後不知不覺地就會深入意識中，產生了暗示效果。

「你不覺得自己的做法是不對的嗎？」，一聽到這句話就很容易產生「我的做法是不對的」之暗示作用，讓自己很難繼續努力下去。

倘若您是不管別人怎麼說，都能把對方的話當做耳邊風的人，那就不須要在乎這一點。

問題是大部分人對於朋友、前輩或父母親說過的話都非常在意。

那麼，到底該怎麼辦才好呢？

方法很簡單。

那就是，別把自己正在努力的事情告訴別人。

自己知道就夠了，沒必要專程去告訴別人。默默地努力就好，千萬別四處張揚。

一定是您提到「我每天閱讀兩小時」之類的話題，別人才會以「你錯了，重點在於必須動頭腦思考而不是閱讀」之類的話來反駁您。假使您隻字不提，對方就不會那麼多管閒事地提供意見。

當您提到「我打算今年結婚，所以我一定會好好地打拚」之類的話題時，一定會聽到「有必要那麼急著結婚嗎？」，好不容易才鼓起的勇氣一定會因為受到打擊而潰散掉。

下定決心要努力時千萬別告訴別人，自己愛怎麼做都沒關係，勇往直前地繼續往前邁進即可。如此一來，至少不會因為別人的意見而迷惑。

當您對別人提到「為了結婚我一定會好好地打拼」時，十個人應該就會提出十種意見，有人認為該找結婚顧問，有人覺得該辦喜宴，有人認為相親最好，提出自認為最好的建議。最後，您一定會聽得頭昏腦脹，不知道該如何是好。

的確，別人的建議有時候也相當值得參考。

問題是別人提的意見不僅「不痛不癢」，有些意見對您可能「只有壞處」。

因此，最好避免讓別人有提意見的機會。

決定努力後
應避免再找別人商量問意見

23

您的努力總有一天
會得到來自四面八方的回報

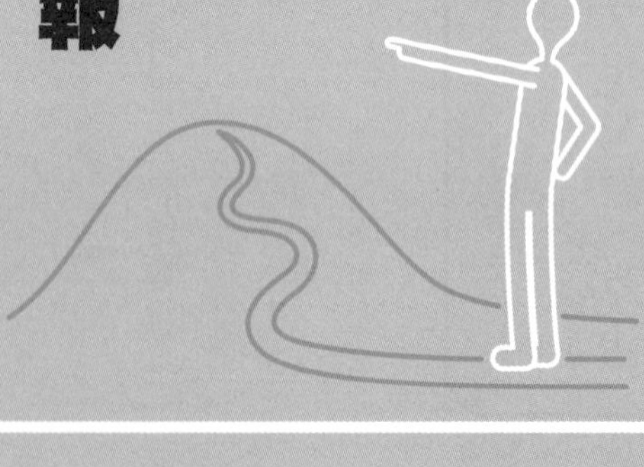

真正地努力付出後，即便您想盡辦法隱瞞，周遭的人總有一天還是會發現，因為您的能力、技能、技術等都會越來越進步，除非是感覺非常遲鈍的人，否則一定會發現您的成長。

「我總覺得，最近那傢伙變得好厲害。」

「到底是怎麼一回事？那傢伙的眼神變得很不一樣了。」

「他什麼時候變成這麼能幹的人啦？」

這樣的說法一定會傳開。

假設您決定要好好地努力一番，每天提早一小時上班，同事上班前您早把昨天剩下的公事辦好。

開始努力的前幾天至一星期左右，同事們大概不會發現，頂多有幾位同事感到「奇怪？」罷了。

繼續努力一個月後，同事們一定會驚然發現您已經變成一位處理公事迅速確實、有條不紊或大幅提昇了工作效率的人。亦即：您付出的努力再也無法隱瞞。

店家越努力，顧客越肯前去大量購物。

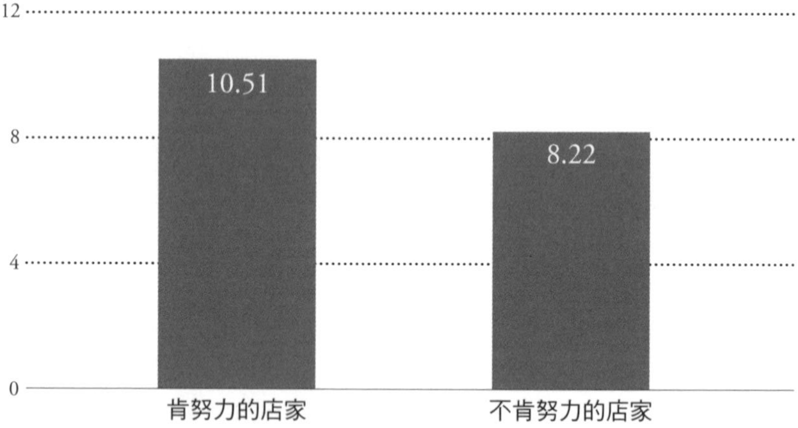

＊數字單位為美元
（資料來源：Morales, A. C.）

同事發現後會有什麼樣的發展呢？同事們一定會設法回應您的努力付出。

您的上司發現，一定會考慮「這回的考績給您打A」；客戶方面的承辦人發現，一定會產生「既然你這麼努力，下次見面就簽契約吧！」的念頭。

結果，**即便您默默地努力著，您若能繼續地努力下去，總有一天會得到來自四面八方的回報**，付出的心血絕對不會白白地浪費掉。

南加州大學的安德烈莫拉雷斯準教授就曾表示過，越勤快地打掃店內等，肯努力地經營生意的零售店，顧客越肯上門購物以回報店家的努力。

莫拉雷斯準教授曾以大學生為對象，要求學生前往肯努力經營和不太努力經營的零售店購買罐裝湯料或浴巾，實驗後發現，顧客花錢情形出現前頁圖表上呈現的差距。

店家若肯努力經營，周遭的人發現後絕對不會坐視不管。因此，建議您安安心心地繼續努力下去。

努力後別人遲遲沒有發現時，假使您以「喂喂喂，我這麼努力，你難道沒發現嗎？」之類的說法四處張揚，反而容易讓人感到不舒服，建議您繼續努力些時日，好讓別人自自然然地發現您的努力。

付出的心血絕對不會白白地浪費掉
安安心心地繼續努力下去吧！

24

故意挑戰困難的任務、好好地鍛鍊一下自己的毅力

過去的士兵入伍後據說都會受到一連串魔鬼般的訓練，必須面不改色地面對不吃不喝行軍三天三夜、從早到晚來回地上坡或下坡、長泳達幾十公里等訓練。

訓練過程中萬一累得雙腳發軟，耳邊立即傳來「全力以赴！」的叱喝聲，巴掌同時落在臉頰上，辛苦程度絕非一般人所能想像。

就「增進體力」、「鍛鍊身體」而言，這些訓練方式的確沒水準，因為絕對可以找到更好的鍛鍊方法。操練過度反而容易導致肌肉酸痛而造成反效果，對當前的鍛鍊而言，這是常識。

話雖如此，我還是認為那樣的訓練並非毫無可取之處。

因為通過魔鬼般訓練的考驗，培養起足夠的膽識後，就不會因為一點小事就大驚小怪。

軍隊式訓練乍看毫無章法卻是培養膽識、毅力及精神力的絕佳辦法。就是因為沒有章法而讓人更全力以赴，這麼說一點也不為過。

學生時代我也練過劍道，必須在三十度以上的大熱天，躲在完全不通風的道場裡，身上還得穿著悶熱無比的護具才能練習，因此熱得想大口大口地猛灌水，想喝水想到快發瘋，那種痛苦感覺只有經歷過的人才能了解。

不管您多麼想喝水，練習結束前都嚴禁喝水。就現在觀點而言，運動過程中補充水份是一種常識，當時，忍不住喝水的人卻被視為「意志薄弱的傢伙」。

「為什麼要做這種傻事呢？」，學生時代的我曾經這麼想過，後來卻發現，現在自己能夠信心十足地突破種種難關完全是拜當時培養的「堅忍不拔精神」所賜。

閱讀片桐健①撰寫的『公司越討厭的人銷售業績越好的營業術』（SOFTBANK CREATIVE）書籍後，發現書中寫著「在我上班的公司裡，我被迫必須每天和女同事們搭訕。從搭訕過程中練就被拒絕後依然不會氣餒的精神。」

除了向女孩子們搭訕外，鍛鍊業務能力時的確還有更好的辦法，不過，我還是認為，搭訕雖然不能算是很有格調的方法，但在培養失敗時不氣餒的精神時，並非毫無作用。

紐西蘭奧克蘭大學的博賈諾博士曾針對一三七位小學生進行過追蹤調查後彙整出相關數據，發現越挫越勇的孩子們成績終究會越來越好。

因為多次面對挫折，習慣於面對挫折感後，就能輕易地鍛鍊出勇往直前不服輸的精神。

努力不需要拘泥於形式。

不管努力的方式多麼無厘頭，只要專心一致地繼續努力下去，就能練出一身所謂「精神力」的最高能力。

①片桐健：1975年生。日本的超級業務員，擁有絕佳的業務能力，年營業額破億。

勇於面對失敗的人
總有一天會累積出傲人的成果

25

投注心力的對象、應以「一次一個」為原則

榮獲過諾貝爾和平獎的史懷哲①曾表示，「目標太多的人通常收穫不會太大」。史懷哲想闡述的是目標訂一、二個就夠了，重點是必須堅持到底，確實地達成。

這個也想做，那個也想做，很容易演變成半途而廢，每個目標都無法順利地達成。

假設**一次只處理一件事情時投下的努力為一〇〇**，那麼，同時處理四件事情時，投下的努力就會被分割，每件事情只分別投入百分之二十五的努力。投入的努力充其量只有處理一件事情時的四分之一。

不可諱言，這個也想做，那個也想做，努力的目標多是非常好的現象。不過，實際進行時還是以事先安排好先後順序，再各個擊破為原則比較妥當。

否則，最後一定會嚐到所謂「逐二兔不得一兔」的兩頭落空慘痛後果。

接下來談談我的親身經歷，高中時我並沒有像同學們一樣同時學習數學、物理或文言文，而是把所有心力花在學習英文上。我的頭腦本來就不好，無法一口氣讀好幾個科目，我深知，假使那麼做，每個科目都無法拿到好成績。

因此，我只鎖定英文，把所有心力投注在一個科目上。

直到現在，工作上我還是以當時的學習方式為基礎。**目前我的確身兼數職，但不會這個做做、那個也做做，我都是懷著各個擊破的想法，一口氣地完成每一件工作**，而且發現這樣的做法比較適合我。

學習心理學稱「這個也學、那個也學」的多頭學習方式為「分散學習」，稱一次學一種學問為「集中學習」。

兩者各有優缺點，沒辦法打分數，但，我比較贊同集中學習。

用手拿東西吃時，倘若這個也想吃、那個也想吃，結果可能什麼都吃不到。

為了避免出現這種情形，建議您一旦鎖定「就是這個」後，就心無旁騖地把心思都投注在自己選定的目標上。

①史懷哲：1875年1月14日~1965年9月4日，是一位德國大才子，集哲學、神學、醫學、音樂四個博士學位於一身，是二十世紀人道主義的最佳典範。他在中非西部加彭創立阿爾伯特史懷哲醫院，這種對生命的憐憫和關懷精神，讓他獲得1952年度的諾貝爾和平獎。

力量千萬別分散，一定要
百分之百地集中在一個目標上

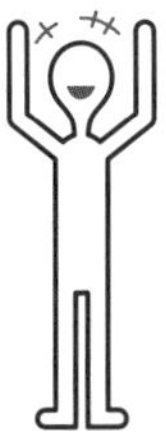

26

改掉見異思遷的壞毛病

美國賓州大學的安琪拉達克渥斯博士曾以二〇〇〇位年二十五歲~六十五歲之間的人士為對象，調查過哪些人比較能努力地持續朝著自己的目標邁進。

結果發現：

■不會輕易地改變興趣
■懷著一旦開始就一定努力到最後關頭的信念
■決定目標後絕不改變

秉持這些原則的人比較能努力地持續達成目標。

想做的事情一大堆，容易轉移目標的人，通常為一事無成，無法達成任何目標的人。

工作上也如此，全心投入本業才能成功地闖出一番大事業，**宣稱「多角經營」，口號喊得很響亮，這行也做、那行也做地不務正業的公司大多以倒閉收場**。

心理學稱只能全力以赴地處理一件事情的能力為「GRID 能力」，GRID

日文譯為「堅忍」等，意思是堅忍不拔、不屈不撓地處理事情的能力。

邁出第一步後不達目的絕不放棄，充滿這種毅力的人，無論在工作上或學業上，成功的機率都非常大。因為他們處理事情時總是不屈不撓、全心投入。

舉一個最淺顯的例子。

假設一個男孩深深地愛著一個女孩，把所有的愛都投注到她的身上。因為女孩是他最喜歡的對象，因此，男孩一定會不辭勞苦、想盡辦法，希望能博得女孩的歡心，久而久之，女孩一定會因為男孩的努力而動心，願意和對方交往，或答應對方的求婚，這是可能性非常高的結果。

假設另一個男孩是非常花心的人，喜歡各種類型的女孩，經常四處向女孩子搭訕，他絕對不會鎖定一個女孩，一定到處邀約。一般人都認為這個男孩的機會比較大。

實際情形是四處邀約，分散力量的人，最後連一個女孩都交不到。

不管做什麼事情，見異思遷的人很難如願以償地得到好成果。

「多多放線佈網，總有成功的機會吧！」

這是非常錯誤的想法。懷著「始終如一」的想法才正確，建議您把難能可貴的努力或熱情完完全全地投注在一個目標上。

「就這裡！」決定後不再三心二意
全力以赴地設法達成目標

27

徹底地鍛鍊身體吧！因為精神力也會跟著提昇

「業務」是一種很容易遭到客戶拒絕的工作，無法承受打擊的人不太適合從事業務工作。業務是必須經常面對「快給我滾回去！」、「我不想再看到你！」等尷尬場面，很容易被顧客罵得狗血淋頭，若非堅忍度夠強的人，絕對無法勝任業務工作。

從事業務工作確實不簡單，不過，業務人員中亦不乏把顧客罵聲「當做耳邊風」，不太會因為被罵而心情低落，每天都精神奕奕地完成工作的典範。

針對這類業務人員調查後發現，他們有一個共同的特徵，**那就是承受打擊能力強的人都是「體育科系出身」**。

即便大學未就讀體育系所，在人生的某個時期（國中或高中）曾經認真地投入某項運動，運動經驗豐富的人，通常比較能承受打擊。

不相信的話，那就問問隨時都精神奕奕地工作著的業務人員。問他們「過去是否從事過什麼運動？」

到時候您聽到的應該是「從事過游泳運動」、「參加過橄欖球隊，從早跑到晚。」之類的答案。

體育科系出身的人為什麼毅力特別堅強呢？

原因在於體力。

因為體力和毅力關係非常密切，體力充沛的人毅力特別堅強，體力差的人毅力就比較弱，而且容易情緒低落，承受打擊的能力也比較差。

英國約克聖約翰大學的心理學家L・克拉斯特博士曾以大學生為對象，要求學生以慣用手拿重物後伸直手臂狀態下進行實驗，看學生能忍耐多久的時間。

同時針對同學們進行毅力測試（心理堅韌度試驗）後發現，拿重物時間越長的人毅力越堅強。肌力較強的人毅力也比較強。

不太活動身體的人，心靈也比較脆弱。

體力較差的人馬上就會說出喪氣話，不管做什麼事情都很容易自我放棄。

因此建議**想培養毅力以繼續努力下去的人，一定要先從體力鍛鍊起。**

千萬別動不動就搭計程車，最好能多動腳走路，少搭電梯，多爬樓梯。多走動除可增強體力外，毅力也會跟著提昇。缺乏體力，身材胖嘟嘟，經常張著嘴巴猛喘氣的人，總有一天連氣力或毅力都失去。

俗話說「健全的身體裡潛藏著健全的精神」，可見心靈和身體的關係多密切。生活不健全，連體力都沒有的人，絕對不可能有毅力。

總之，建議您每天都活動活動身子，活動過後除體力增強外，連毅力都會提昇，真可謂一舉兩得。

走一個公車站牌的距離、多爬樓梯
生活中隨時找機會「鍛鍊身體」

28

嘴裡含一塊牛奶糖、努力地再往前邁進一步

聽說吃點甜的東西有助於恢復疲勞，這種說法的可信度相當高。馬拉松或自行車選手比賽過程中都會頻頻地攝取糖分，補充糖分對提振士氣顯然效果很不錯。

我不是營養學專家，因此，詳細情形並不清楚，不過，據心理學相關研究顯示，「靠香味就能充分地發揮作用」，並非實際地補充糖分才能達到效果。

澳洲詹姆斯庫克大學的心理學家約翰普雷斯科特博士曾以九十四位大學生為對象，要求學生把手臂放入冰水裡，透過實驗了解學生到底能忍耐多久。

實驗前普雷斯科特博士先設定好以下條件：

①聞過甘甜舒爽的味道（牛奶糖味道）。

②聞過難聞的味道（動物的味道）。

③聞過舒爽但不甘甜的味道（刮鬍後修護水）。

分別在上述條件下調查實驗對象的忍耐程度。

結果發現，**聞過甘甜舒爽的味道條件下，學生把手臂伸入冰水裡的忍耐時間約一百二十秒，相對地，在其他條件下只忍耐約五十秒**。

實驗證實，人們聞過甘甜味道確實具備增進忍耐度之效果。

因此，當您異常疲倦時，建議您吃點甜的東西。

據普雷斯科特研究資料顯示，「聞聞牛奶糖的味道就能充分地發揮效果」，不過，吃下牛奶糖更好，沒必要忍著不吃，只靠香味提昇忍耐度。

牛奶糖、巧克力、糖果……建議您準備一些味道甘甜，隨時能放進嘴裡的東西。

這類味道甘甜的糖果還可用來「犒賞」自己。

亦即：覺得自己夠努力時就吃一顆牛奶糖來犒賞自己。

採用這種方式效果更好。

此外，眾所週知，甜的食物確實具備活化幹勁的效果，但應避免攝取過量。不希望成為身材肥胖的人，最好努力到無法繼續努力下去時才使用，當做激勵自己的「一劑清涼劑」。

可不是要您在工作過程中接二連三地把糖果放進嘴裡喔！千萬要注意。

累的時候才吃一口！身上隨時帶著「味道甘甜」的東西吧！

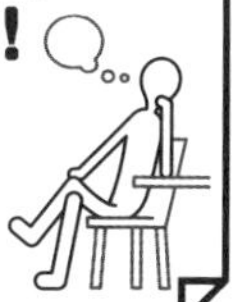

29

絕不容許自己找理由辯解

任何行業都一樣，成功的人絕對不會發牢騷，因為，成功的人深深地了解到，牢騷話一出口，一切都完了，因此，即便事情進行得很不順利，還是默默地承受，付出更大的努力好讓自己變得更堅強，拼命地想辦法突破眼前的困境。他們就是因此而功成名就。

公司業績一蹶不振時：

「沒辦法，因為日圓一直升值。」

「運氣不好，正好碰到百年難得一見的不景氣。」

公司裡假使有許多若無其事地說出這種話的員工，公司遲早會倒閉，原因在於**容許自己找理由辯解的人（組織也一樣）必然不會為公司付出任何努力**。

找理由最便利，擅長於找理由的人根本不須要努力。因為找到理由即可「逃避責任」。

錯不在自己，都是別人或其他原因，抱持這種心態的人不須要努力就能解決事情，世界上再也找不到更好的卸責方法了。

「我的頭腦不好，因為我爸媽的頭腦也不好」，懷著這種念頭的孩子絕對不會用功讀書。孩子得到「雙親都是笨蛋」的護身符後就不必再讀書。

美國德克薩斯大學的陶德里斯卡博士曾以一八九位體育學系的學生進行過慢跑測試。

結果發現，測試前就以「今天我身體不舒服」、「我無法集中精神」、「我昨天沒睡好，所以……」等，頻頻地找理由的學生，測試後成績都不理想。

里斯卡博士一針見血地指出，一開始就拼命地找理由的學生絕對不會認真地跑。

事情進行不順利時就會一直為「自己努力不足」而找下臺階。

不管自己多麼想找理由，理由幾乎快要脫口說出時，建議您咕嚕地吞下肚裡去，心裡想著「再加把勁事情就會很順利！」。

承認事情進行不順利的原因在於自己，需要很大的勇氣。不過，唯有心裡這麼想，才可能繼續地努力下去。

把責任推到別人身上，開始為自己找理由辯解，人就再也無法努力下去。

因此，不管多麼小的理由都不容許自己說出口。

一直找理由，人的氣度就越來越小。希望自己是一個氣度非凡的人，必須把事情進行不順利的原因統統歸咎於自己，以促使自己成為「努力程度可以是別人兩、三倍」的人。

人的氣度易因頻頻地找理由辯解而越來越小

30

別把自己無法達成任務的原因歸咎於別人

人最擅長於捏造自己「不努力」的理由。其實是自己不努力，卻怪罪別人，想把責任轉嫁到別人身上，拼命地找理由，免得自己感到很心虛。

「因為上司看我不順眼，所以我不認真工作。因此，說我工作能力差，原因不在我，都是上司害的。」，假設有人以這種理由為自己開脫。

他的理由聽起來確實有幾分道理，問題是說這種話會有什麼收穫？可以學到更多工作上的知識嗎？工作能力會提昇嗎？答案絕對是否定。

乍聽起來有道理，自己卻得不到任何好處，那樣的理由根本是強辭奪理，完全是為了逃避責任，根本不會促使自己更進步。因此**建議千萬不要做出令自己感到難堪的卸責舉動**。

美國愛荷華大學的瑪麗巴拉克博士曾向各行各業邀集一四六位經理人，針對卓越經理人特徵進行過相關調查。調查後發現，卓越經理人都具備「不逃避責任，責任都是由自己一肩挑」的人格特質。

卓越人才做事時絕對不會唉聲嘆氣。

當然也不會說出推卸責任的話。

失敗時就非常謙虛地坦承自己「能力不足」，深知唉聲嘆氣、發牢騷都無法改變事實。

人一旦放棄努力時，就得承認自己意志薄弱或毅力不足，心裡一定很煎熬，所以開始找理由為自己辯解。

聽別人抱怨幾句就失去幹勁，怪自己時運不濟或必須花大錢，總之，不斷地動腦筋，竭盡所能地找理由，認為只要找到正當的理由，就能逃避掉自己沒有努力的責任，因此拼命地找理由。

這種人通常不會進步、成長。

因此，希望讀者們能坦承自己的弱點，深入思考怎麼做才能更順利地繼續努力下去。找理由很簡單，問題是一旦開始為自己找理由辯解，人就絕對不會再努力。

假設您決定「睡前閱讀一小時」，卻發現想盡辦法都無法繼續採行，建議您千萬別怪罪別人，**先想想怎麼做才能繼續努力下去**，這麼做才有建設性。**思考過後就會想出「不是睡前閱讀，每天早一個鐘頭起床閱讀」等更積極的**

解決辦法。

「辦不到」時檢討辦不到的癥結所在。

想辦法促使自己「辦到」。

Column

別因練習量不足而落於人後

即便能力差別人一大節，靠努力還是能彌補。不管資質多平凡，絕不放棄努力者的成就總有一天會凌駕於天才之上。就算沒有龜兔賽跑的寓言，人世間絕對是一步一腳印地繼續往前邁進的人得到最後的勝利。

老天爺很公平。對努力的人絕對不會坐視不管，因此，沒必要感嘆自己個性軟弱或能力不足，懷著努力不懈的精神就一定會成功。

美國科羅拉多大學的認知科學家K・A・艾瑞克森博士，曾委託西柏林音樂學院的教授，推薦前途看好的小提琴人才名單，進行過相關調查。

調查後發現，前途看好的小提琴人才最重視的是「自我練習」。一般學生一天平均自我練習一・三小時，相對地，前途看好的學生自我練習時間長達三・五小時。更神奇的是教授認為前途看好，特別關注的學生之努力程度為一般學生的兩、三倍。

任何領域都一樣，成就越高的人越不會把希望寄託在「才能」等無法掛保證的事情上，只會靠自己的努力，而且把努力的精神發揮得很徹底。

假設有人嘴裡嚷嚷著「我想當電影的評論家」，問他「你看過幾部電影了呢？」，竟然回答很少看電影。假設有人說「將來，我一定要成為一位非常受歡迎的舞者」，熱切地說著自己的夢想，問他「你一天練習多久呢？」，竟然回答練習不到一小時。

您認為，他們的夢想會實現嗎？當然不可能實現。他們根本是在做「白日夢」，世上不可能有不努力卻能實現夢想的好事情。

我是作家北方謙三的忠實讀者，聽說北方老師成名前寫過不少不知何時才能出版的稿件，幾乎塞滿房裡的衣櫃。不知道北方老師把寫滿好幾百張稿紙的稿件收進衣櫃時到底懷著什麼樣的心情啊！我非常佩服他的努力。

事實上，被稱之為天才的人，絕對不是單靠才華就能成大器，他們看起來好像可以呼風喚雨，實際上，他們的成就是不斷地付出嘔心瀝血的努力才得來。

閱讀木原武一撰寫的《天才的用功術》（新潮選書）後發現，即便聰明才智如牛頓的天才，他們付出的努力絕對是別人難以理解，因此說『天才必須比別人更努力』也不會言過其實。

重點是必須設法成為一個不會因為努力量不足而敗北的人。能夠做到這一點的人，必定是似錦前程唾手可得的人。

Part 4

怎麼做
才能如願以償地
「改變自己」呢？

31

懷著「自己的人生自己可以掌控」的信念

自己的人生必須以自己為主人，別人的人生沒必要去搭理，對自己的人生才需要具備堅定的信念，相信靠努力就能改變自己的人生。

當別人對自己頤指氣使時，人很容易忘記自己才是自己的主宰。世上不乏很願意接受別人意見的人。不過，倘若凡事都抱持著「因為〇〇先生說……，所以……」、「因為△□先生建議，所以……」之類的心態，那就欠缺自主性。

這種人不會自動自發、積極地努力下去。

已經是年紀一大把的成年人，碰到事情時還「因為我媽說『不行』，所以……」地說些沒擔當的話，一定是沒出息的人，做任何事情都很容易受挫而放棄。

美國佛羅里達州立大學的帕梅拉貝雷維博士曾讓一一〇位學生從事AM收音機組裝作業。那是學生們第一次組裝收音機。

結果，學生中當然出現堅持到底地確實完成組裝及半途而廢地放棄組裝之情形，貝雷維博士還深入地調查，哪些學生不屈不撓地努力到最後關頭。

調查後發現，具備自主性，認定「自己可以開創自己的人生」的人才能堅持到底地確實完成任務。具備自主性的人最討厭中途放棄。

具備自主性的人一旦投入工作就一定會堅持到底。

因此，具備自主性人格就是成為努力不懈的人絕對不可或缺的條件。

那麼，怎麼做才能具備自主性人格呢？答案為進行「自我主張」訓練。

任何狀況下都不能對別人言聽計從。

面對任何事情都必須清楚、明確地表達自己的意見。持續練習、經過磨練就能具備自主性。

例如：當別人問「你中午想吃什麼呢？」，您若回答「配合大家呀！」、「隨便啦！」就不行。必須養成明確表達自己主張的習慣，清楚地說出自己想吃什麼。

開會時表示「無異議」或說出「我的意見和〇〇一樣」就不行，必須養成清楚表達自己想法的習慣。清楚表達意見難免惹人嫌，卻可改頭換面讓自己成為一個具備自主性的人，因此，即便可能和周遭的人產生摩擦，也必須勇敢地說出自己的主張。

誠心接受別人的意見當然好，不過，假使言聽計從，過著木偶般任人擺佈的人生，當然會失去自主性。失去自主性後就會變成一個喪失意志力，宛如浮萍般飄泊不定的人。

「我想吃○○」、「我喜歡××」
養成明確表達自己意見的習慣

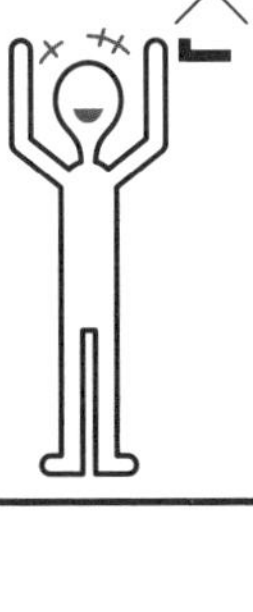

32

「我是一個非常了不起的人」、經常以這句話讚美自己

美國紐約州立大學的理查費爾森博士曾針對剛升上高中的二二一三位學生，進行長達三年的追蹤調查，深入研究哪些學生的學業成績進步情形較顯著。

研究後發現，對於學業成績影響最深遠的是學生們的「自我評價」，亦即：肯定自己、自我評價高的學生三年後都有顯著的成長。

「我本來就很有天份。」

「我是肯努力就一定有成就的孩子。」

「在這個世界上，我最愛的人是我自己。」

以這類說法**肯定自己、自我評價高的人，通常會不斷地成長進步，相關科學研究即可證實**。

自我評價高的人為什麼比較會成長進步呢？費爾森博士認為「自我評價越高的人越肯努力」。自我評價高的人不會排斥努力，因為最愛的人是自己，所以不惜付出一切努力。

結果，付出的努力直接地反映到學業上，而支持努力的是「高的自我評價」。

讀者們若認為自己是一個不太能努力的人，原因可能出在您對自己的評價不夠高。自我嫌惡感太重，不喜歡自己，一直懷著「反正我是一個……」的念頭，就是無法付出努力的主要原因。

果真如此，那解決辦法只有一個。

那就是**想辦法更喜歡自己**。

不管做什麼事情都不斷地誇獎、讚美自己，您就會越來越喜歡自己，為自己而陶醉，成為一個很自戀的人。

更加喜歡自己後，就會因為愛自己而付出最大的努力。懷著不是為了別人，努力完全是為了最喜歡的自己，就能無怨無悔地付出一切努力。

拼命地努力工作的商務人士都是非常自戀的人，「我才是最好的」意識深深地埋藏在他們的腦子裡，所以才能拼命地工作。自我嫌惡感太重的人不可能像他們那麼努力。

喜歡自己絕對比號稱可讓人更努力的方法論、技術論更有效。希望讀者們都能牢牢地記住，自己更愛自己後，不管採用什麼方法，都能順利地完成自己最想做的事情。

工作能力強的人
通常都是「自戀的人」

33

努力到令人驚嘆的地步 才能算是真正的努力

「我一直很努力喔！」

「別看我這樣，我可是很努力呀！」

經常聽到這些話。

不過，當您更清楚地聽過對方的話後，驚叫出「嗄，只是這樣嗎？」的情形也不少，對方確實有努力，只是努力程度令人感到實在是太低了。

努力是有努力，努力程度不夠的話，那就完全失去了意義。

例如：把面紙盒當啞鈴似地上、下舉了幾萬次，臂力也不會增強，不管怎麼想，這種練習都明顯不足，至少得拿好幾公斤的啞鈴練習才能鍛鍊出肌肉。

要練習就必須練到別人會大吃一驚的地步。**必須練習到足以讓別人擔心您的身體能否承受，才夠資格說自己努力練習過**。

想成為一流人才就必須從事只適合一流人才採行的練習方式。

亦即：不能抱持著隨便練習練習的心態。

明明只付出二流努力卻想成為一流的人才，天下哪有這等好事，付出二流努力的人只配當二流的人。

心理學家已陸續研究出許多非常有效的練習原則，其中一個原則為「超載原則」。「超載原則」意思為「過度負荷」，負荷必須大到讓自己感到吃不消，否則不能稱之為鍛鍊。

「嗄，每天只睡三小時？你沒問題吧？」

「蛤，那麼拼不會傷到身體嗎？」

必須努力到別人開始為您擔心，才能算是真正地在努力。

相反地，當您把自己正在努力的情形告訴別人時，對方若「哦，那就加油吧！」地輕輕帶過，那就表示在別人眼裡看來，您的努力還不夠，建議您不妨以此為判斷依據。

練習後假使沒有累到筋疲力盡，幾乎累倒在地，那就表示自己還有繼續練習的必要，最好以此為確認基準。

說法聽起來很嚴苛，不過，假使抱持著得過且過的心態，那就不如不努力，因為，得過且過的努力需要花時間、費勞力卻得不到任何效果，既然決定要努力，當然必須達到效果，所以必須下定決心，把重重的負荷加在自己的身上。

嚴格要求自己必須練習到筋疲力盡、幾乎累倒在地

34

付諸行動後、幹勁自然源源不絕地產生

以下是史蒂夫錢德勒撰寫的『なりたかった自分になるのに　すぎることはない（改變成理想中的自己永遠不嫌晚）』（Discover 21）書籍中的一段對話。

「怎麼做才能激發出幹勁呢？」

「去賣東西。」

「根本打不起精神怎麼去賣呀！」

「馬上出去推銷東西，幹勁自然會源源不絕地湧出。」

該書中還舉了以下實例。

「早上，好想出去跑跑，就是提不起勁。」

「早上出去跑跑很好呀！」

「問題是不想跑呀！」

「那是因為你還沒跑，出去跑跑就會衍生出想出去跑跑的心情。」

結果，這兩個實例給我們的最大啟示是「必須先付諸於行動」。書中的建議是**與其擺在腦子裡胡思亂想，不如先起來活動活動身體**。

人總認為先有「幹勁」才能付諸於「行動」。的確，行動需要幹勁。不過，亦不乏付諸「行動」後激發出「幹勁」的情形。

因為，付諸行動後可能衍生出「情感」。

人們感到悲傷時會哭泣。

人們若故意流淚哭泣，也可能悲從中來而陷入悲傷氣氛中。出現這種情形即表示，「哭泣」行動激發出「悲傷」的情感。

此外，心理學相關研究證實，人不是因為快樂而笑，而是笑使人產生了快樂的心情。

建議您積極地成為一位積極行動的人。

如此一來，您就會自然地成為一位活力非常充沛的人。

並非活力充沛的人才能成為行動積極的人，而是行動積極的人才會漸漸地成為活力充沛的人。這樣的順序千萬不能弄錯。

並非「喜歡打掃而動手打掃」，應該是「打掃後才會喜歡上打掃」。不是

「喜歡做飯而動手做飯」，應該是「做飯後讓人漸漸地愛上做飯這檔事」。

與其想一些沒必要的事情，不如先付諸於行動。

付諸行動後自然會漸漸地激發出「幹勁」。

腦子裡絕對不能胡思亂想，胡思亂想就難以付諸於行動。先付諸行動後試試看吧！即便完完全全地放空大腦，什麼都不想地直接行動也沒關係。

與其擺在腦子裡胡思亂想
不如積極地付諸於行動

35

準備一些照片或剪報、隨時拿出來瞧一瞧

設立「紅花」連鎖店而聲明大噪的青木廣彰，成為全美屈指可數大富豪之前，據說一看到擁有勞斯萊斯名車的人，就會馬上拜託對方讓自己拍下照片，看到那些照片自己就會覺得特別有幹勁。希望自己能成為一個開勞斯萊斯的人，青木心中一直懷著這樣的念頭。

希望將來成為大人物而住進大豪宅的人，建議您看到大豪宅就拍下照片。因為看到照片您就會充滿著「總有一天，我也可以！」的心情。

從以上實例中即可了解到，**身邊擺放照片或剪報，有助於提醒自己隨時意識著自己的目標**。

最常見的例子是考大學的高中生把「考上大學」之類的紙條貼滿整個房間。不過，相較於文字，貼照片可讓人更深刻地意識到自己的目標。

因此，房間裡貼上大學校園的照片之類的東西，更能激發出考生們的幹勁。

同理，與其訴諸於文字，寫了「我要瘦下五公斤！」等目標，不如貼上身材苗條的模特兒照片更有效。

事實上，雜誌上的那些模特兒們成名前，聽說有不少人會在房間裡都貼滿已經非常活躍的專業模特兒的剪報照片。

美國紐約大學的伊莉莎白赫緒曼準教授曾透過實驗，進行過照相機或電視等十四項商品的比較研究後證實，相較於文字，照片確實讓人更容易產生「親近感」。照片的威力絕非文字所能比擬。

訂定目標時，以文字表示目標也不錯，不過，若以視覺上更容易理解的形狀等影像表示目標效果更好，可讓自己的目標更鮮明。

與其把「一定要活得更快樂！」的目標寫在紙上，不如從雜誌或書本上找一些臉上漾滿幸福笑容的孩童照片，經過影印後貼在房間裡或處理成手機上的照片。這麼做的效果一定會更好。

只有文章比較不容易理解，不管說明得多詳細，還是會留下一些模稜兩可的部分。

採用影像時則不一樣，影像讓人瞬間就能理解，更容易親近。因此建議多多運用影像畫面。

新聞報導也一樣，沒有影像時讓人很難理解，不容易弄清楚報導內容。俗話說「百聞不如一見」，可見對人們而言，訴諸於視覺效果會更好。就這層意義上，照片或剪報確實是非常便利的工具。

將目標影像化
使自己的目標更鮮明

36

「不必那麼努力也沒關係」，有時候不妨試著拋開一切，放空自己

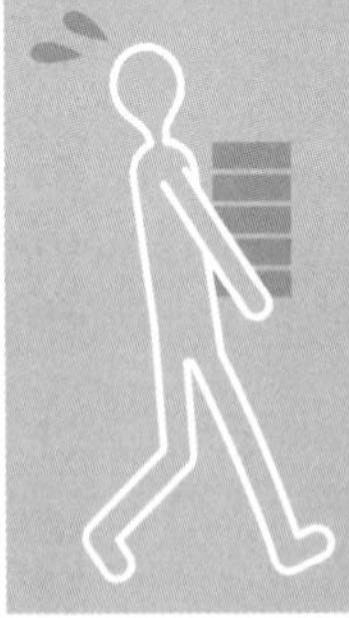

「想改變自己」的強烈慾望就是努力時的原動力。因為不滿意目前的自己才會努力地想要改變自己，對自己絲毫不會感到不滿意的人，當然不會企圖改變自己。

不過，「想改變！」或「希望能改變！」的想法太強烈時並無好處。因此建議您對成果或結果不必太在意，最好懷著「沒改變也沒關係」的念頭，懷著輕鬆愉快心情來改變自己。

心理學上有一種反其道而行地利用人們天生脆弱心理的心理術。**希望別人改變時，命令對方「改變」，對方就會感到壓力，反而無法順利地改變自己**。您若建議對方「別改變」，對方反而自動地改變了自己。

因此，希望孩子溫習功課時，與其以命令口吻說「還不快去做功課！」，不如對孩子說「你可以好好地玩，盡情地玩，不如乾脆把書本丟掉，別去上學了」，孩子們反而會感到心裡不安而坐到書桌前讀書。

碰到有人想辭掉工作時，與其以「你得慎重地考慮」之類的話勸對方，不如告訴對方「辭吧，快辭掉工作吧！」，反而更容易促使對方打消辭職的念頭。

這種心理術也可應用在自己的身上。

譬如說，當您想繼續努力下去時，若懷著「我必須努力，必須繼續努力下去」的念頭，就會覺得很痛苦而無法繼續努力。

這時候您若朝著自己說聲**「乾脆拋開一切、放空自己」，腦海中就會馬上出現排除痛苦心情的念頭，不少人反而因此繼續地努力下去**。

我寫書的時候也會出現寫不下去的情形。

這時候若勉強自己繼續寫下去，一定會感到很痛苦，我總是對自己說聲「好，不寫了！」，暫時拋開一切。等靈感一來就會文思泉湧，一頁頁地寫不停。

然後，幹勁也不知不覺地回來，可以一口氣地寫完。產生不去努力的念頭時，幹勁反而復活，人類這種生物實在是太有趣了。

仔細想想，談戀愛的情形也一樣，懷著「對方不喜歡有什麼關係」的念頭時，有時候在異性間反而更受歡迎。結過婚的男人懷著「我已經是死會了，別的女孩喜不喜歡我又有什麼關係」的心情時，肩膀一放鬆，以最輕鬆自在的心情和女性們互動，沒想到在女性朋友間卻更受歡迎。

因此建議您對努力感到越來越痛苦時，不妨對自己說，不須要努力到讓自己感到痛苦的地步，您就不會因為壓力太大而無法繼續地努力下去。

對努力感到厭煩時，不妨反向思考，試著放鬆一下心情

37

了解「努力才是邁出成功第一步」的大道理

美國紐約州立大學的湯馬斯史丹利教授曾針對全美的億萬富翁進行訪談後，針對他們如何能成為有錢人進行過分析。分析後發現，億萬富翁中高達九三％的人表示自己得以功成名就的原因中「努力」的成份高於「智慧」。

談到美國的大富豪時，人們總認為，應該都是出身於美國一流大學的高材生，輕輕鬆鬆地就能賺到大錢的人，事實上，這種想法實在是大錯特錯，大富豪其實都是汗水流得比別人多十倍，甚至百倍的人。由此可見，努力才是成功的不二法門。

前述章節中已經數度提出過，**想在任何行業中出人頭地的最大本錢除了「努力」外，沒有其他竅門。「只要您來參加，我們將傳授您不須要努力就能成功的秘訣」之類，一些奇奇怪怪的講座或雜誌大標題根本都是騙人的。**

不論在哪個行業中成功地闖出一番事業的人，他們的生活辛苦程度絕對超乎一般人的想像。

我這麼說，並不表示實業家不會在接受雜誌專訪時回答自己不費吹灰之力就成功地闖出一番事業，而是他們對自己的辛苦程度都不好意思說出口，不想讓別人知道罷了。說自己「根本沒有那麼辛苦」完全是面子問題。

讀者們身邊亦不乏這種人吧！一碰到考試就說「昨天我看了一整天的電視」、「昨天我老早就上床睡覺」之類的話，不斷地吹噓自己不須要讀書就能考得好成績。他們當然是在說謊，事實上，他們是通宵達旦地猛K書。

「我怎麼吃都不會發胖，所以根本不用減肥。」，愛說這種話的人在女孩子中比比皆是，當然，她們都在說謊，事實上，她們為了維持身材，背地裡不知道付出多大的努力。

同樣情形，**成功的人最不希望別人知道他付出多大的努力，很少會公然地談到自己的努力過程**。因為他們都很謙虛。因此建議對於他們的發言千萬不能信以為真，絕對不能受到影響而產生「原來如此，花點腦筋，不須要努力就能成功」之類的想法。

自古以來，大家經常掛在嘴邊的「成功必須靠一％的才能和九九％努力」的說法才是至理名言。我也不否認，成功和卓越的才能、聰明的頭腦也有關係，不過，更重要的是您能夠付出多大的努力。

「成功必須靠一%的才能和九九%的努力」是千真萬確的事實

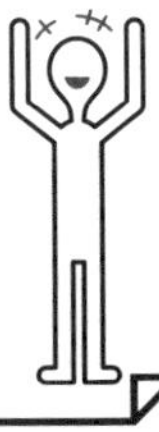

38

沒有人會因為「過度努力」而後悔

努力並不保證一定會有收穫。

因為世界上沒有任何事情能夠完全保證。

世界上不乏以此為擋箭牌而藉口不努力的人，他們最常掛在嘴邊的是：「既然努力未必有用，那一開始就別努力呀！除非知道努力就絕對有收穫，否則，我根本提不起勁。」

就算是花下去的心血可能白費，也不能以此為藉口而不努力。

我堅決認為，努力才是對的。

心理學上絕對可以找到佐證。

選擇「不努力」的人，當您年紀大了以後，一定會後悔「年輕的時候為什麼不多努力一些……」；選擇「努力」的人也可能因為「結果，付出去的心血都白費了」而後悔。

亦即：不管您選擇努力或不努力，都可能會後悔。

不過……

接下來才是重點，**「不付諸行動」會後悔，「付諸行動」也會後悔，同樣**

會後悔，但前者的後悔程度必定會大於後者，而且，人們會一輩子因此而受煎熬。從波士頓大學的麗莎亞本德洛斯博士相關研究中即可得到印證。

「不努力」而後悔的程度絕對大於「努力過」而後悔，因此建議即便沒有收穫還是先試著努力看看。

向心儀的對象告白時也一樣。

有了心儀的對象後，向對方「告白」和「不告白」都可能感到後悔，當然，前者的後悔程度一定大於後者，既然這樣，那就抱持著必死的決心，就算遭到對方拒絕而必須嚐盡失戀之苦，不過，當您從大考驗中重新站起來時，您的心情一定會倍感舒暢。

更何況，您若不向對方告白，您和心儀對象交往的機率等於零，告白後，機會至少不會等於零。就這層意義上，勇敢告白才是聰明的抉擇。

付出的心血可能白費，不過，努力過的後悔程度比較小。因此希望讀者們安安心心地繼續努力下去。

〈一人の父親は百人の教師に勝る！（一位父親勝過百位名師！）〉（三

笠書房）書中，柴斯特菲爾德就曾說過「至今還沒見過因為『過度努力』而感到後悔的人」的至理名言。

有心儀的對象就要勇敢地告白
有夢想就要以實際行動去追求

39

覺得辛苦的時候、還是得「多少」做一點

人的氣力畢竟有限，即便您已下定決心要「好好地努力看看」，難免還是有力不從心的時候，有時候感到滿身疲憊，有時候覺得身體不舒服，充其量只能付出往常十分之一的心力。

就算自己訂了一條「每天必須做……」的規定，還是可能因為客人的突然來訪、必須和難得一見的好友喝酒敘敘舊、孩子生病必須照顧而難以嚴格遵守規定的情形，而且都是一些不容自己「置之不理」的突發狀況，即便是愛努力程度甚於三餐的我，有時候還是難免會產生「偶而偷偷懶」的念頭或出現忙裡偷閒翹翹班的情形。

偶而偷偷懶並無大礙，重點是不能完全地鬆懈掉。所謂的「完全地」，意思是努力程度降到零。

努力程度多低都沒關係，「無論如何都不罷手」。努力程度下降沒關係，必須留意的是絕對不能降到零。

譬如說，

自己訂了一條每天必須拜訪10家新客戶的規定，至少得拜訪個三、五家，

只能稍微地偷偷懶。

或者，假使訂了一條「每天必須閱讀五〇頁」的規定，那麼，提不起勁時減少到「每天閱讀二〇頁」也沒關係。

一次做五十個仰臥起坐覺得太辛苦的人，偶而也會出現只做十個的情形吧！頭痛到不行或心情盪到谷底的狀況也常有，這時候稍微偷偷懶就沒關係。

重點是**偷懶就是偷懶，努力程度並沒有完全地降到零**。「或多或少都有做」，這一點關係到自己的信心，以免因為偷懶而失去繼續努力打拼的衝勁。

美國產業心理學家巴納德羅森巴姆曾針對一些非常成功的業務經理人進行過相關調查後發現，他們的共通點在於「持續學習的能力」。發現越不滿足於現況，不斷地吸收嶄新知識的人，越容易成為卓越的業務經理人。

羅森巴姆調查過業務經理這項行業，認為其他行業也大同小異。因為任何行業都需要「持續力」。

重點是，希望持續地努力的人必須懷抱著即便偶而偷懶，努力程度絕對不會降到零的決心。

馬丁路德[1]活動力極為旺盛，都是利用宗教改革空檔完成聖經翻譯工作。馬丁路德就曾說過，「翻譯過程中每天至少都會翻譯一個章節」。做多少並不重要，最重要的是每天做就一定能開創一番轟轟烈烈的大事業。

覺得太辛苦時
就暫時偷偷懶吧！

① 馬丁路德：1483年11月10日－1546年2月18日出生德國，宗教改革的發起人。他本來是羅馬公教奧斯定會的會士、神學家和神學教授。他的改革終止了中世紀羅馬公教教會在歐洲的獨一地位。他翻譯的路德聖經迄今為止仍是最重要的德語聖經翻譯。

40

掌握訣竅以改掉「容易自我放棄的習性」

眾所週知，世界知名喜劇泰斗查爾斯卓別林是一位非常親日的藝人，他曾以「日本是世界上最努力的國家」讚美日本。**因為日本人將勇往直前地努力完成任務視為一種美德**。日本人感到最自豪的是農耕民族的堅忍不拔精神。

蕞爾小國的日本早在第二次世界大戰前就已經是世界超級強國之一，即便第二次世界大戰敗北，依然奇蹟似地復興經濟，不用說，一切成果完全該歸功於日本人的「毅力」和「努力」。

一天、兩天的努力任何人都能辦到，必須數年或數十年地扛起責任就不是一件容易的事情，有時候難免出現想拋開一切的心情吧！這時候，千萬不能放棄。

比賽輸了幾場就很容易養成「輸的習慣」，這是運動界極為常見的現象，日本阪神老虎隊就是這樣，狀況稍微差一點，棒球選手就很容易出現「唉，今天又打贏不了」的心態而自我放棄。

努力的時候也一樣，碰到事情時輕易地放棄，就很容易養成「自我放棄的習慣」。

根本沒有付出多大的努力卻以「沒辦法，該做的我都做了」而輕易地舉白旗投降。

人們一碰壁就會開始找「放棄的理由」。

找理由的積極度超驚人。假使把那股積極程度投注在自己最想做的事情上，人生不知道會有多大的轉機。因此，我為什麼要放棄呢？千萬不能動不動就找這類的理由，必須設法讓自己成為一個可持續地努力到事態好轉的人。

順便一提，為了避免輕易地自我放棄，我會隨時提醒自己努力是多麼地重要。

譬如說，我會告訴自己「努力的人一定會成功，我自己也很努力，所以，將來，我也會成為一個成功的人。」

「努力就一定會成功。」

「努力絕對不會背叛自己。」

以這些話來鼓勵自己。

如此惕勵自己，自己應該不會輕易地捲起尾巴自我放棄才對。

以這種方式朝著自己說話，心理學稱「自我對話」或「Self Talk」，能夠把這種方法進行得很順利的人，就不會輕易地拋開一切或決定放棄。

據德國薩蘭德大學的約翰施奈德博士表示，越擅長於自我對話的人，面對阻礙時，越能源源不絕地產生突破阻礙的勇氣。

因此，失去幹勁時，最好能經常地和自己對話。

「你可不是這種人喔！」

「你可以更努力！」

建議您不妨以這類說法鼓勵自己，為自己加油打氣。

朝著自己說一些鼓勵的話
為自己加油打氣

41

設法改掉悲觀的個性

據美國密西根大學的克里斯多福彼得森博士表示，「樂觀」是個性積極、追求成功欲望高、努力不懈者的共同特徵。個性越樂觀的人做起事來越順利。

前美國心理學會會長的馬汀塞利格曼博士曾撰寫過一本『個性樂觀的人為何容易成功呢？』（講談社）的書。據塞利格曼博士調查結果顯示，無論政治家、運動員或商務人士，成功的人幾乎都是個性非常樂觀的樂觀主義者。那是一本非常有趣的書，讀者們若有興趣不妨一讀。

悲觀的人欠缺克苦耐勞的精神。

悲觀的人通常碰到一點阻礙就感到挫折而垂頭喪氣，容易受到打擊，態度原本很積極，但失敗一次積極度就降低至零。

個性悲觀的人做任何事情都很容易放棄。

因此建議先設法改變個性，好讓自己更開朗。

努力地蛻變成一個樂觀開朗的人。

「改是得改，只是一個人要改變個性不是很困難嗎？」

讀者們難免會這麼想吧！

事實上，改變個性並沒有想像中那麼困難。**想讓自己的個性變得更開朗的話，即便只有「行為顯得很開朗」，整個人也會顯得很不一樣**。

例如：一天到晚臉上都充滿著笑容，即便笑容是勉強擠出來的，個性也會變得很開朗。因為，臉上裝出笑容，心情也會變得比較開朗，從相關研究資料即可得到印證。

即便一開始都是假裝出來也沒關係。

裝成一個個性樂觀開朗，精神奕奕的人，不知不覺中個性就會受到影響。

因此建議不妨乾脆試著於日常生活中扮演一個個性開朗的人。

基本上，我是一個個性比較悲觀靦腆的人，不過，面對別人時，我的臉上一定會特別地展露出笑容，沒想到，不知不覺中就被貼上「個性開朗的心理學家」的標籤。

即便都是裝出來的也沒關係，故意大聲說話、鬧著玩或開懷暢笑，個性也會變得更樂觀開朗。更神奇的是個性變開朗後，面對任何事情的心態也會顯得更積極、更樂觀。

即便現在個性很悲觀的人也沒關係。

最好能扮演一個個性開朗、心情愉快的人。

到時候，個性應該也會跟著改變才對。

容易感到悲觀的人應設法讓自己的行為顯得很開朗

Column

千萬不能瞧不起自己、給自己不好的評價

美國西北大學的麗莎威廉斯博士曾以八十七位大學生為對象，把一張圖秀在電腦畫面上，請學生數一數圖畫中的 dot（點），做一項非常無聊的工作，然後告訴學生數膩了可以放棄。

進行該項實驗的主要目的，是想了解哪種個性的人比較能耐心地完成工作，哪種個性的人比較會輕易地放棄。

據威廉斯博士表示，堅忍不拔地繼續完成工作者的最大特徵為「自信」。信心十足的學生完成無聊工作的耐性是缺乏信心學生的一・五倍。

可見「自信」就是積極達成使命的原動力。

因此，想要耐心地完成某項工作的先決條件是必須充滿自信，感到很

自豪。

「我對自己的能力很有信心。」

「我最喜歡的是不會輕易地示弱叫苦的自己。」

經常把這些話掛在嘴邊，就會越來越愛自己，越來越有自信，自然變得更堅強。

不喜歡自己，對自己沒有好評的人，碰到點阻礙就很容易垂頭喪氣，感到自暴自棄，不肯努力地付出，輕易地就會放棄，而強化自信心即可避免自己成為這種人。其次，建議您經常朝著自己說一些鼓勵或加油打氣的話。

最了不起的是充滿自信到讓別人在背地裡批評「那傢伙實在是太臭屁了！」

最厲害的是讓別人氣得直抱怨「那傢伙根本是自戀狂」。

先讓自己成為一個充滿自信的人吧！充滿自信就能徹底地完成任務，成為一個不會輕易放棄的人。「那傢伙太臭屁」、「那傢伙是自戀狂」，聽到別人這麼批評自己時，想成對方是在誇獎您是一位「很努力的人」，您就不會因此而生氣。

缺乏自信的人不管讓他做什麼事情都無法堅強地完成使命。沒有自信的人一遭到挫折就想逃避，就像膽小狗碰到強悍的狗時馬上就示弱，夾著尾巴趕快逃走。一直以為自己很強的鬥犬則不一樣，即便遇見比自己更大隻的狗也絕對不會感到害怕，甚至會露出利牙朝著對方撲過去。

千萬不能讓自己變成膽小狗喔！

Part 5

一輩子都能
努力不懈的秘訣

42

反覆地成為「三分鐘熱度」的人也沒關係

做任何事情都很快就放棄，人們通常以三分鐘熱度來形容。

不過，多湖輝[1]先生於『まず動く（先動起來）』（高木書房）一書中卻建議，就算三分鐘熱度也沒關係，有沒有恆心不打緊，重點是必須具備勇於挑戰的精神。

多湖輝先生還提到「**憑三分鐘熱度做了三十次，其實就等於持續了三個月之久**」。

假設您買了習字本後只練習了三天就放棄。三天就放棄當然不值得讚美。不過，您可能在一星期後或一個月後，突然又產生「再來練習看看吧！」的念頭。這時候再開始練習又何妨。以這種方式**反覆地當幾回三分鐘熱度的人，以結果而論，已經達到持續努力的效果**。這就是多湖輝先生認為當三分鐘熱度的人也沒關係的主要原因。

我非常喜歡心理學這門學問，因此經常閱讀心理學相關論文或書籍，問題是不管多麼喜歡，假使一天到晚都在閱讀資料，遲早會感到厭煩。因此，為了轉換心情，我都會閱讀其他領域的書籍，經常整整一個月都沒碰心理學。

話雖如此，心理學還是我最喜歡的一門學問，總有一天我會回到心理學相關研究。我就是以這種方式和心理學相處了十五個年頭。

不管從事哪種工作，一開始總是興沖沖，做了以後漸漸地失去了幹勁，這是非常自然的情形，因此，拋開工作不能一概而論地說「不應該」。

重點是拋開後能不能再次「回到」工作崗位上，沒有忘記這一點，那當三分鐘熱度的人就沒關係。

最不應該的是一旦拋開後就一直「拋開」而沒有回來，完完全全地放棄努力，不管期間多長，知道回頭就絕對沒問題。不斷地反覆上述情形，結果就不再是三分鐘熱度的人，而是一個非常值得稱許，持續地努力過的人。

打算戒煙時，即便一天、兩天也沒關係，能夠忍著煙癮不抽煙就有意義，即便只能忍個三天，戒煙這件事就是事實，沒必要懷著「我是一個意志薄弱的人」的念頭。能夠偶而戒煙三天，我認為已經很值得讚美嘉許一番。

①多湖輝：1926年2月25日出生，日本心理學家，東京未來大學名譽學長，千葉大學名譽教授，多湖輝研究所所長。他於1966年出版暢銷解謎叢書「頭腦體操」，40年來已經出版23卷續編，是幼兒大腦開發、早期教育的專家。

當三分鐘熱度的人也沒關係

沒有完完全全地拋開一切就OK！

43

擬定兩、三個月的努力就能達成的目標

擬定目標時最好設定一個「努力就一定能達成」的門檻，因為，覺得努力就能達成目標時，人們才肯真正用心地去努力。

懷抱著遠大的夢想當然好，問題是夢想若不切實際，只會抹殺掉自己的幹勁。對一個努力一整年只能拼出三百萬業績的業務人員，下達必須達成三億元業績目標之類的命令，恐怕只會抹殺掉對方的幹勁吧！

擬定的目標最好是容易讓人產生「拼拼看就應該會達成吧？」想法，避免讓人產生「那種目標怎麼可能達成……」念頭而失去信心。

尤其是關係到自己的目標，最好擬定打拼一、兩個月就能看到成果的目標。

打拼一整年才能看到成果，人們很容易中途碰到挫折，半年還是太久，無法讓人產生幹勁。看起來兩、三個月就能達成，擬定這種門檻的目標最實際，最容易激發出幹勁。

我擬定工作目標時通常以一個月為單位，因為這樣的門檻對我來說最剛好。

我本來就不是一個很有耐性的人，自認為無法耐心地完成需要耗時五年、十年才能達成的重大目標。這麼說或許易讓人覺得我比較著重於眼前，我還是認為擬定目標時頂多以幾個月為單位比較實際、比較容易推動。

其次，應避免擬定門檻太高的目標，當然也不能訂得太低。最好擬定「稍微高一點」的目標。

據美國俄亥俄州立大學的霍華德克萊恩博士表示，擬定稍微高一點的目標時，人們比較肯盡全力去達成。目標訂太低時輕易地就能達成，比較不容易激發出努力打拼的衝勁。

面對任何事情時都一樣，通常，一開始人們會覺得新鮮有趣而興致特別高昂。

因此建議把目標稍微訂高一點，因為具體採行後經常會發現，擬定的目標並沒有想像中那麼困難，出現這種情形時必須立即修正目標，重新設定一個「稍微高一點」的目標，以免因為輕輕鬆鬆地就能達成目標而抹殺掉幹勁。

人容易看輕自己的能力，總認為「我充其量只能做點小事情」，實際付諸

於行動後才驚然發現自己大幅成長的情形也很常見。

原本只打算每天背五個德語單字，沒想到習慣後一天竟然背了十個、二十個，出現這種情形時，建議您別猶豫，立即動手上修自己的目標。

擬定毫無挑戰性的目標，總有一天會因為無聊而放棄。因此，最好能擬定一個隨時讓自己感到有壓力的目標。

發現輕輕鬆鬆就達成目標時
別猶豫立即動手上修目標吧！

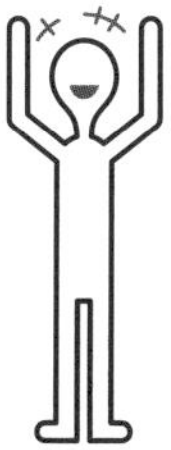

44

該做什麼？要做出什麼樣的成果？必須由自己決定

小朋友從爺爺或奶奶手中接下禮物時，爸媽若立即以「〇〇，你是不該說謝謝呢？」之類的口吻催促孩子，孩子可能因此而不想開口表達謝意。這到底是為什麼呢？原因在於，人們一聽到「你該這樣」、「你該那樣」的命令，反而容易打消想那麼做的念頭，甚至破壞了心情。

想要努力打拼時也一樣，因為別人以「你該這樣」、「你該那樣」地猛下指導棋而打消念頭的人比比皆是。

因此，**該做什麼？要做出什麼樣的成果？必須由自己決定**。心理學上稱這種作法為「自我決定」。

美國史瓦茲摩爾學院的巴瑞史瓦茲博士認為，事情由自己決定才能激發出幹勁。自己決定後，付諸行動時，心情特別愉快，不必承受太大壓力，真是好處多多。

下定決心打拼時，一定要由自己決定到底該做什麼？要做出什麼樣的成果。**沒必要徵詢別人的意見。「就這樣！」，一旦做出決定後努力地完成就夠了**。

假設您為了健康著想，決定每天早上健走兩公里。下定決心後儘管做，不須要告訴別人。否則您一定會聽到「走兩公里太少了」、「走路能怎樣，慢跑才有效」等足以摧毀您士氣的閒言閒語。

孩子們好不容易說出「我去念三十分鐘的書」，大部分父母都會加上一句「難道不能多讀一點嗎？」之類的話，輕易地挑起孩子「既然這麼說，那就一分鐘也免了」的反抗心情。別人通常只會說一些自以為是的話。

決定要做伏地挺身，即便只做十個也很足夠，**重點是「每天做」，做十個伏地挺身對目前的自己而言若能達到鍛鍊效果，做了就是對的**。

從事自己決定的事情，心情總是特別愉快，而且因為不是聽命於他人，所以心情上也會感到特別輕鬆自在。

處在最輕鬆愉快的狀態下，做任何事情都會感到特別順利。

別人的閒言閒語沒必要去理會。建議您牢牢地記住「照著自己的步調」才能繼續努力地達成目標。

以「自己的步調」繼續努力地達成目標

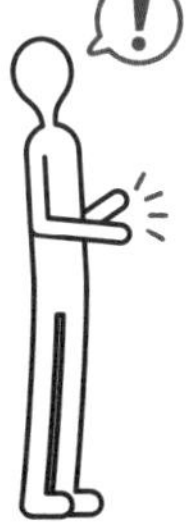

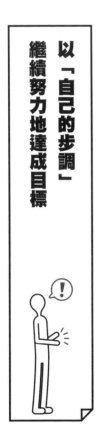

45

以自己的方式留下「行動記錄」

決定該做什麼、要做出什麼樣的成果後，最好留下「記錄」以便瞭解自己付出了多大的努力。因為這麼做可以讓您的幹勁大幅提昇。

「哦，我已經付出這麼大的努力啦！」

「我已經持續二十天了呀！」

記錄後就能清楚地看出自己的進步，甚至能促使自己更奮發圖強、更努力。

某運輸公司就曾要求駕駛人員提交「損益表」，請他們計算油料、車輛租用等費用，計算出自己到底花了多大的成本，再以節省下來的成本為獎金，加入薪水裡發給員工們。

結果呢？結果據說駕駛人員們都變得非常努力，拼命地思考走哪條路的效率高，開車速度多快比較節省燃料費。

經這麼一提讓我突然想起一個記錄自己吃過什麼東西，就能達到減重瘦身效果的方法。每天記錄自己享用過多少零嘴、果汁之類的東西，就會發現「自己吃了多少點心」，有助於提昇瘦身減重的意識。養成記錄習慣後就會恍然大悟道：「沒想到我竟然吃了這麼多點心呀！」。

據史丹佛大學的威廉華德博士表示，養成正確記錄的習慣即可修正判斷錯誤的情形。

我已經養成記錄每天大概做多少事情的習慣。

我採用的記錄方法非常簡單，只記錄每天寫了多少頁稿子。即便只是從事非常簡單的紀錄，還是能提昇生產效率。

記錄前，我大概三個月才能寫完一本單行本書籍，養成記錄習慣後，兩星期就能寫完一本。更神奇的是了解自己做了多少努力後，自己對於更新記錄感到越來越有趣。

能夠更新自己的紀錄，心情當然特別愉快。因為可以實際地感受到超越過去的自己之快感，源源不絕地湧出更加努力的衝勁。

沒有記錄就不知道自己做了多少事情，無法以過去的自己和目前的自己做比較。說不定自己已經有相當大的進步，自己卻渾然不覺。

關於這一點，開始記錄後，即便進步不多還是能實際地感受到。感覺到進步後就能激勵自己，油然升起繼續往前邁進的衝勁。

順便一提，記錄得很簡單也沒關係，即便簡單到只是在月曆上畫圈圈也無妨。

記錄得太詳細的話，對於記錄本身會感到很厭煩，因此建議儘量以最簡單的形式留下記錄。

留下記錄就能實際地感受到自己的進步

46

好好地感受一下自己的成長

最好留下足以讓自己明顯地感受到進步的成長記錄。例如：繪製成長圖表時加大刻度或改變單位等，留下足以讓自己驚嘆「哦，我已經這麼進步了喔！」的記錄，免得自己的幹勁消失掉。

假設您為了磨練寫文章的能力，決定每天固定寫點東西，這時候您若以「頁數」為單位，寫下——

第一天……一頁

第二天……一頁

第三天……一頁

留下這樣的紀錄根本無法實際地感受到成長。這時候建議您**別以「頁數」為單位，最好以「字數」為單位，寫下——**

第一天……八五〇字

第二天……九二〇字

第三天……一五六〇字

留下這樣的紀錄。採用這種記錄方式就能「明顯地」感受到每一天的進步，自然地衍生出今後也會繼續努力的企圖心。

瘦身減重時也一樣，以「公斤」為單位記錄體重下降情形時，第一個星期才〇．一公斤，第二星期才〇．二公斤，這類記錄方式數字太小，缺乏樂趣。

這時候，建議您把單位換成「克」，留下減輕一〇〇克、減輕二〇〇克的紀錄，只是加大了數字，就足以讓人產生減重越來越成功的良好印象。

實際地感受到自己的成長，有助於培養自信心。

加拿大麥克馬斯特大學的珍妮佛米勒博士曾把復健方案提供給五〇位（平均六十二歲）心肌梗塞患者。

提供方案時特別強調「患者必須充滿信心，設法延長運動時間」，結果發現，十二周後患者們在家也能確實地運動。因為當時博士已經在話中插入「相信您一定能持續地運動」、「一點也不困難」等暗示。充滿信心，人們就會更努力。

「實際地感受到自己的成長」就是培養自信心的不二法門。

感覺到自己不斷地成長，就會受到激勵而越發地產生想要繼續做下去的念頭。

例如：**想學園藝工作的初學者與其選種橄欖等生長速度非常慢的植物，不如栽種日日春之類的植物，因為一定會覺得更有趣，產生更想繼續栽種的心情**。每天都能親眼目睹植物生長的情形，為植物澆水時也會感到很有趣。

看不出任何變化時，人們就容易失去幹勁。辛辛苦苦地澆水卻看不出植物的生長，澆水時就會覺得很無趣而漸漸地不想再澆水。

建議採用記錄時心裡會感到很愉快的紀錄方式。建議多花點巧思，留下能夠實際地感受到自我成長的記錄。

採用足以讓心裡感到很愉快的紀錄方式

47

以自己的努力
博得別人的肯定

我很少讓人看到自己的努力，喜歡悄悄地累積實力，背地裡學習各種技能，好讓周遭的人嚇一跳，因為我懷著這種孩童似的調皮個性。

我不否認，自己一個人默默地努力時，耐寂寞程度畢竟有限，因此認為自己的努力不妨故意透露給幾位至親好友們知道。

建議開始加入英文會話班、開始從事副業時，就主動地把消息告訴親友或交往對象。

因為既然是您的好朋友和交往對象，看到您的努力一定會鼓勵您或為您加油打氣。交情較淺的朋友未必會真心相待，至親好友一定會成為最挺您的人。

自己的努力能夠受到別人的肯定，無異於往心裡打了一劑強心針。

心情越來越低落的時候，聽到一聲「加油喔！」，知道有人支持著自己，就不會輕易地失去了幹勁，甚至更努力地達成目標的情形也很常見。

據哥倫比亞大學的克勞蒂亞慕勒博士表示，人們聽到別人的讚美後通常都會繼續地完成自己工作。一聽到別人說自己「很努力」、「很拼命」就會更奮發圖強。

小男孩聽到母親或師長的一句「太棒了，你好努力喔！」的讚美後，就會變成一位非常勇敢，喜歡讀書的男生。男孩的精神構造比女孩單純，聽到別人讚美就會受到激勵而更努力。

覺得自己的力量不太夠的人，建議您借助別人的力量吧！

這麼說並不是要您去拜託人家幫您辦太困難的事情喔！

建議您努力之前就朝著對方說「當我很努力的時候，請您一定要好好地讚美我喲！」，只是幫點小忙，至親好友或交往對象的話，一定願意幫忙才對。

「當我寫完一本書時，請記得以『辛苦了』口頭慰勞我一下」，我都是這麼拜託我內人，因為我擔心，假使我沒交代，內人可能不會主動對我說。對方即便說謊，還是能達到慰勞的效果，對方即便以奉承口吻讚美自己，也不必擔心會破壞了好心情。

無論自己多努力都得不到別人的肯定，這是非常痛苦的事情，因為自己會不知道為何而努力。

任何人都沒關係，不分親疏，自吹自擂地朝著對方說「我像〇〇一樣努力，很棒吧？」，這麼說對別人來說沒壞處，不過，為了得到別人的讚美，還是主動地把自己正在努力的事情告訴幾位比較親近的人吧！

主動地把自己正在努力的事情告訴親友或交往對象

48

拜託對方儘量具體、誇張地讚美自己

一聽到別人的讚美，人就會感到意氣風發，顯得特別有幹勁。誠如「拍馬奉承一下豬也會爬上樹…」的說法，聽到別人的讚美，人真的會源源不絕激發出幹勁來。

怎麼讚美都能激發出幹勁嗎？事情哪又那麼簡單呀！

「還不錯嘛！」

「挺厲害嘛！」

聽到這種不痛不癢的讚美，沒有人會感到高興吧！

既然拜託別人讚美自己，當然得請對方誇張地讚美自己囉！否則怎能激發出幹勁呀！必須拜託對方儘量仔細地、具體地、好好地對自己的努力讚美一番。

拜託別人讚美自己時，對方若讚美得不痛不癢，那就告訴對方：

「這種讚美方式行不通，必須更具體、更誇張地讚美我才行！」

試著催促對方。對方以「挺厲害嘛！」讚美自己時，若覺得不滿意，那就請對方明確地指出，自己哪裡厲害、怎麼厲害。這麼要求難免讓人覺得您很煩，沒關係，既然要拜託對方，當然得請對方讚美得更徹底。

美國華盛頓大學的法朗克斯莫爾博士曾於從事一項小聯盟教練相關調查後證實，教練朝著少年選手儘量詳細地讚美後，少年選手們參與比賽時氣勢更高昂。

斯莫爾博士調查過整個球季的勝率後發現，**教練擅長於讚美選手的球隊之勝率為五二・二%，比較不擅長於讚美選手的教練率領的球隊勝率為四六・二%**。證實男孩被讚美就會更努力，少受讚美則容易失去幹勁的說法。

別人讚美我的時候，我也會催促對方「多讚美我一些」，尤其是完稿後，我常會催促編輯讚美我。

對方以「嗯，寫得還不錯」之類的說法讚美我時，我總是覺得不痛不癢，感到不滿意，我就會威脅對方說「以後不幫你寫稿了」。別害羞、別顧慮太多，儘管大膽地催促對方，這就是成功激發幹勁的秘訣。

找不到肯幫忙讚美自己的人時，那就找個小酒店去喝兩杯好了。小酒店的小姐們最擅長於讚美別人，她們當然是為了生意。上小酒店的最大問題是需要花點錢，不過，假使效果大於付出的成本，花錢的問題就沒有必要斤斤計較。

利用以上介紹的方式，邊拜託別人讚美自己，邊繼續努力才是最明智的作法。

得到別人的讚美
才能繼續地努力下去

49

自己更應該好好地讚美自己

拜託別人讚美自己的努力，確實能鼓舞士氣。

問題是，努力的時候別人未必剛好會看到，讚美自己的機會當然很有限，而且，有些人對於拜託別人讚美自己會感到很難以啟齒。

這時候，建議您**不必拜託別人，就由自己來讚美自己吧！**

「太厲害了，我，一定會努力到最後關頭。」

「我的努力沒有底線，我可以努力到任何時候。」

「我可以這麼努力，我是世界上最了不起的人。」

不斷地以這些話來讚美自己。

「這是什麼方法，簡直像小孩扮家家酒……？」

讀者們說不定會嗤之以鼻、感到不以為然，但是，自己讚美自己的效果好到絕對令人意想不到，絕對不是我胡謅亂捏造，建議您放心大膽地試試看。

美國密西根州立大學的J．布羅菲博士就曾指出，越習慣於自己讚美自己的孩子，越能用功地讀書，長大後一定會是一個很努力的人。

自己能讚美自己後就不必再假手他人，任何時間、任何狀況下都能讚美自己，隨時都能激發幹勁，不必再打電話拜託別人說「看到我很努力的時候記得讚美我」。

工作過程中每隔一小時就和自己對話一次。

朝著自己說「太好了，今天的狀況也非常好，就以這樣的步調繼續加油吧！」。這麼一來，您就能聚精會神地繼續完成工作。

想像著自己的身體裡還有一個自己，裡面的自己不斷地和外面的自己對話的情景。

無法這麼想像的人不妨以自己最喜歡的人或最喜歡的藝人為假想對象。

想像著自己最喜歡的歌手或女演員朝著自己說「Fight！加油！」，頻頻地鼓勵著自己的畫面（又稱冥想），想像後，不管運氣多差的人，都會馬上轉好運。

必須留意的是，假使您嘰哩咕嚕地朝著自己說話，可能讓身邊的人感到很擔心，因此建議您默默地在腦子裡讚美就夠了，免得一不小心發出聲音等，做出奇怪的舉動而被貼上「神經病」的標籤。

不必太謙虛
儘管大力地讚美自己

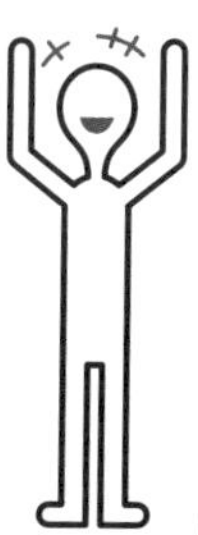

50

準備一大堆獎賞、好好地鼓舞自己的士氣

萬事起頭難，順利地超越起頭階段後，努力就會像生活一樣規律，習慣後自然變得很輕鬆。問題就在於您如何超越起頭階段。

「靠力氣超越」也是不錯的方法，不過，更實際的方法是準備一大堆「獎賞」來犒賞自己。亦即：訂立一條完成××後，就頒給○○的獎勵辦法。

看到一條胡蘿蔔在眼前晃來晃去，不管多懶惰的馬兒，都會為了吃到胡蘿蔔而全力奔跑。人們也一樣，一想到能夠得到獎賞，再辛苦的工作也甘之如飴地拼命做。

■這些整理好就可以玩遊戲
■完成這項工作就可以去旅行
■持續一星期就可以買一套漂亮的洋裝
■真正地努力過就可以和他（她）約會

建議以這些方式**準備一些可為自己鼓舞士氣的獎勵。**

準備妥當後才開始努力。

年輕男性即便前往風月場所或夜總會等聲色場所，適度放鬆以獎勵自己的

一想到能夠得到獎勵，人通常會更努力

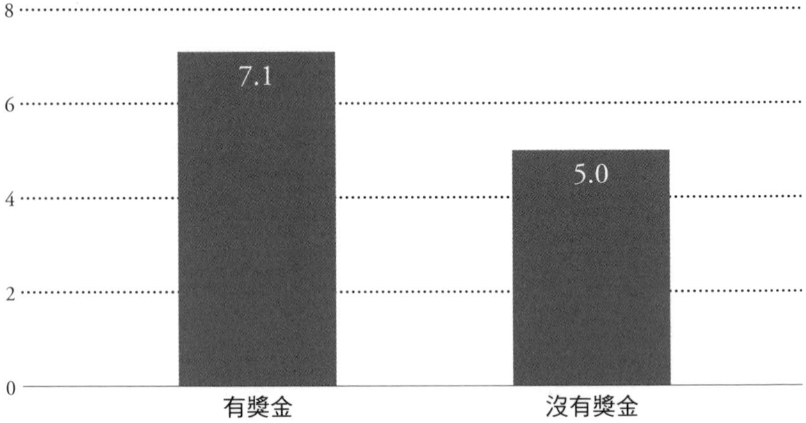

＊數字表示閱讀文章的時間（分）。
（資料來源：Meloy, M. G., et al.）

辛勞也無妨。總之，必須以自己最喜歡的事物慰勞每天辛辛苦苦工作的自己。

千萬不能抱持著「為什麼還準備獎賞，想法不單純……」的心態。因為都是一些能不做大家都不想做的事情，所以，不給一、兩個獎賞的話，當然無法鼓舞士氣。

其次，從心理學相關數據亦可看出，獎勵措施效果確實非常好。

美國賓州州立大學的瑪格麗特梅羅伊準教授的研究團隊，曾針對實驗對象閱讀過幾篇文章後發給獎金或不發給獎金，其努力程度會出現什麼樣的

變化，進行過相關調查，結果如前頁圖表所示。

從該實驗結果亦可看出，有獎勵時人們就會加長作業時間。人類實在非常單純。

有獎勵才肯努力，聽起來很現實，現實又有什麼關係，重點在於「能不能激勵自己努力」，若能達成目的，能利用就該好好地利用。

沒有任何獎勵，「純粹只是努力」方式的努力，不是意志力特別強的人絕對辦不到。

「純粹只是努力」

只是這樣絕對無法繼續努力下去

51

必須等努力「之後」才給獎勵

假設您叫孩子幫忙撿拾庭院裡的落葉，還準備了糕點，告訴孩子撿好後就可以吃。

這時候，腦筋動得比較快的孩子很可能提出「先給我糕點，吃過後我一定會去撿」。

重點是，**獎勵必須等「事成之後」才能給**。

「獎勵先給」絕對行不通。

這個原則絕對要遵守。

「我一定會粉身碎骨地努力工作，請您先把薪水借給我。」

若有員工提出這樣的要求，我絕對不會答應對方。

因為答應後一定會養成習慣。

這種習慣絕對不是好習慣。

迫不得已必須借時，我一定會向對方提出非常嚴苛的條件或課題，要求對方必須確實完成後才能預支薪水。因為我認為，努力才能得到獎勵，還沒有做任何努力之前絕對不能給獎勵。

加拿大阿爾博塔大學的茱蒂卡麥隆博士認為，獎勵確實具備激發幹勁的效果，不過，「努力之前就先給獎勵，激勵效果必然大打折扣」。

給獎勵的時機不對只會造成反效果。

獎勵自己時也一樣。

「反正拿到獎勵後一定會完成任務，獎勵先給又有什麼關係呀！」

抱持著這種天真的想法獎勵自己是禁忌。

因為這麼做就會漸漸地失去幹勁。接下來舉一個俗不可耐的例子。倘若一個女孩對男孩說「我絕對不會先上車後補票」，那麼，這個男孩一定會和女孩結婚，因為「獎勵」留在後頭。

聽到男孩說「反正一定會結婚，先上車後補票又有什麼關係」時，女孩若大方地回答道「說的也是」，欣然接受男孩的要求，總有一天會被拋棄，男孩絕對不會願意和女孩結婚。原因在於，女孩「先」把獎勵給了男孩。

抱歉，舉了一個奇怪的例子。得到獎勵後，該完成的事情就不太想完成，這就是人們的通病，所以說，**「獎勵必須任務達成後才給的規則」一定要嚴**

格遵守。

人們一定會絞盡腦汁地想要先得到獎勵，絕對不能輕易地聽信對方的話。自己也必須把想要先得到獎勵的念頭當做自己的弱點去克服。

絕對不能觸犯到「預支獎勵」的禁忌

52

希望提昇獎勵效果、那就學會「吊胃口」的好本領

「獎勵」是鼓勵自己繼續努力時效果非常好的策略。

但，誠如「過猶不及」這句成語，持續地、過度地給獎勵，可能導致獎勵漸漸失去魅力等問題。

假設孩子們用功讀書，您就幫他買遊戲軟體當獎賞。

結果會發生什麼問題呢？

剛開始孩子們可能滿心喜悅地認真溫習功課，但過一陣子後，獎勵的效果越來越低，孩子們可能因為「不再需要遊戲軟體」而失去溫習功課的動力。

由此可見，**「吊胃口」才能提昇獎勵的魅力，但絕對不能使用過度**。

小時候一直央求著爸媽買腳踏車，爸媽總是以「等生日的時候才幫你買」、「等聖誕節才買給你」之類的說法哄自己，這種經驗想必讀者們都有過。

被吊足胃口，滿心期待地等待後，好不容易才得到禮物，當然令人愛不釋手，覺得充滿著無限魅力。

給獎勵方法也一樣，隨隨便便地就給了一大堆獎勵，提昇幹勁的效果當然不如邊吊胃口、邊給少許獎勵來得好。

美國史丹佛大學的沃爾特米歇爾博士曾以五〇位幼稚園孩童為對象，準備了玩具或蛋糕等小朋友們最喜歡的東西，針對給獎勵為止的時間進行過相關實驗。

米歇爾博士先把孩童分成三組，實驗後立即把玩具或蛋糕給第一組，一分鐘後給第二組，十分鐘後給第三組，試著以不同的時間給獎勵。

結果發現，**被吊足胃口的孩童們拿到禮物後顯得更滿足，可見人們打從心裡喜歡被吊胃口的感覺**。

獎勵自己時必須忍耐到極限，才能確實地發揮獎勵的效果。

即便到酒店喝酒做樂為最好的獎勵，一星期若去四、五回，還是會失去獎勵的魅力。

拼死拼活地努力工作了一個月，發薪水的那一天才放縱自己一下，採用這種方式才能達到吊胃口的最高境界。

必須等忍耐到極限時才能給獎勵

53

堅信「努力就等於財富」

相撲選手據說各個都努力地練習到幾乎快吐血，支撐他們辛苦練習的是親力（相當於師父）說的「土俵下埋藏著黃金！」這句話。相撲選手一想到成為橫綱後就能賺進大把鈔票，再怎麼辛苦都能熬過。

其他領域也一樣，**掛上「職業」頭銜的人對於金錢的慾望特別高**。因為他們深深了解到，比賽時打贏，就能得到賞金或獎金等型態的獎勵，所以才會那麼努力地打拚。名聲或特別受女性歡迎也可能成為某些人努力時的動機，不過，「錢」才是最大的動機。

管他現實還是不現實，最好能隨時懷著「為錢而努力」的念頭才能繼續地努力下去。不論拳擊選手或田徑選手，錢確實是非常令人著迷的東西。

「我不是愛錢才努力」，說這種話的人確實不多。相較於愛錢愛得要死，拼命地努力賺錢的人，說自己不是為錢而努力的人，努力的程度一定比較小。

其次，嘴裡嚷嚷著「錢是身外之物我才不想要」的人，可能只是假清高、裝模樣，事實上，他可能是一個「視錢如命」的傢伙。因為世界上找不到真的不愛錢的人。

任何人都一樣，一想到錢就變得很努力，以下將介紹一項非常有趣的實驗。

美國明尼蘇達大學的凱撒琳伍茲教授曾要求大學生，利用一些毫不相干的單字，排列組合成有意思的句子後完成相關實驗。

先將學生分成兩組，讓其中一組排列容易產生「金錢」相關聯想的單字，另一組排列不容易產生「金錢」相關聯想的單字。

譬如說，要求容易產生金錢相關聯想單字組的學生重組以下單字構成的句子。

Paying high a salary（正確排列為 a high paying salary）

要求另一組學生重組以下句子。

Outside cold it（正確排列為 It is cold outside）

要求學生持續地進行以上重組作業是希望促使該組學生好好地思考「金錢」。

然後在相同的條件下給學生非常困難的拼圖，測出學生到底能拼多久。

實驗後發現，不容易產生金錢相關聯想單字組的學生平均八十六秒就放棄，相對地，容易產生金錢相關聯想單字組的學生一直堅持到三百十四秒後才罷手。

實驗結果清楚地顯示出，促使人們懷著金錢意識，即可讓人更持續地努力下去。

因此，參考該項實驗結果，腦子裡隨時都想著「金錢」，即可推測出一個人的努力程度。

千萬不能抱持著「滿腦子錢，真醜陋」之類的想法，心裡儘管想著錢。一想到自己的努力可以變成金錢，所有的辛苦都能化為喜悅才對。

懷著錢永遠不嫌多的強烈慾望

Column

來杯咖啡，歇息一會再繼續打拼

法國文豪莫里哀或巴爾札克都是非常愛喝咖啡的人，尤其是巴爾札克，據說二十年的創作期間每天平均喝五〇杯咖啡。

我不是咖啡廠商的商業間諜，但我贊成「累的時候不妨來杯咖啡，歇息一會再繼續打拼！」的意見，我也非常喜歡喝咖啡。

咖啡是想稍微休息一下時的良伴，喝杯咖啡頂多花個五分鐘，不須要花幾十分鐘。喝咖啡是希望快速喝點東西、快點休息一下的人最適合採用的休息放鬆方式。

其次，誠如讀者們之了解，咖啡中含咖啡因，具備興奮大腦皮質及以下列舉作用。

①提昇聯想能力，提高知識勞動效率。

②縮短反應時間。
③加快打字速度。
④提昇集中力。

可見喝咖啡好處多多。

不過，攝取一五〇～二〇〇mg就能充分發揮上述效果，大概喝一、兩杯就夠了，不須要喝太多。

咖啡種類中不乏已經處理掉咖啡因的產品，當然是喝含咖啡因的一般咖啡比較好，因為喝含咖啡因的咖啡才能讓人充滿努力的衝勁。

美國亞利桑那大學的李萊恩博士曾邀集六十五歲的人士進行過相關實驗，實驗前三十分鐘請實驗對象喝下一、兩杯咖啡。

喝咖啡後接受記憶實驗，實驗結果為喝含咖啡因咖啡的人成績優於喝不含咖啡因咖啡的人。

萊恩博士還在早上八點和下午四點進行過相同的實驗，據該實驗結果顯示，下午最疲憊的時段喝下含咖啡因的咖啡，記憶誤差至少可降低一半以上。處理掉咖啡因可能導致難得的咖啡效果大打折扣。

其次談到喝咖啡的附加價值，咖啡的抗癌效果也非常值得期待。

據一九九八年九月日本愛知縣癌症研究中心發表，以名古屋的兩萬位居民為對象，長達十年間進行的調查結果顯示，相較於不喝咖啡的人，每天喝一～兩杯咖啡的人罹患胃癌的機率為三分之一，每天喝三杯以上的人為二分之一。雖然只是疾病防治相關調查，不過從調查中亦可清楚看出咖啡的種種功效。

因此建議疲憊時不妨來杯咖啡，歇息一會再繼續打拼。

後記

至目前為止，我已執筆寫過百餘本書，但很少寫過「毅力論」或「唯心論」相關書籍。當然，對於本書主題「如何繼續地努力下去」也未曾認真地嘗試過。

不過，說實話，我真的非常喜歡這個主題。

研究心理學相關學問時，最普遍採用的是具備科學理論的方法論，但，我從以前就比較喜歡毅力論，比較不喜歡理論、定理等艱澀難懂的學問，對「純粹只是努力」方式的毅力論產生相當大的共鳴。

當然，本書中也提到過一些心理學相關研究資料，適時地加入一些技術性話題。

其實，「純粹只是努力！」這句話就能涵蓋所有內容，問題是只寫這句話擔心無法構成整本書而觸怒編輯，所以才拉拉雜雜地加入一大堆說明。

老實說，我最想做的是，從頭到尾都朝著讀者們說「努力、努力、努力、努力！」似地寫滿二〇〇頁，為讀者們加油打氣，鼓勵讀者們。問題是我若這麼做，儘管這是一本以「努力」為主題的書籍，還是擔心被編輯罵「寫這種書，你是想偷懶混稿費嗎？」。所以才會寫出這麼普通，完全探討努力的書，這一點令我感到有點遺憾。

撰寫本書時，多虧ＰＨＰ研究所文藝出版部的四井優規子小姐、CROSSMEDIA 出版部的越智秀樹先生等人之鼎力相助，謹藉此獻上最誠摯的感謝之意。這是和四井小姐合作的第二本書，感謝委託撰寫書籍時告知主題應儘量有趣。

最後也要向讀者們致上謝意，感謝讀者們長期以來的愛護，今後我還是會繼續努力，讀者們也得好好地努力，噢不！應該說一起努力才對。彼此加油打氣，好戲還在後頭呢！

【參考文獻】

▶Abendroth, L. J., & Diehl, K. 2006 Now or never: Effects of limited purchase opportunities on patterns of regret over time. *Journal of Consumer Research*, 33, 342-351.

▶Barrick, M. R., & Mount, M. K. 1993 Autonomy as a moderator of the relationships between the big five personality dimensions and job performance. *Journal of Applied Psychology*, 78, 111-118.

▶Boggiano, A. K. 1998 Maladaptive achievement patterns: A test of a diathesis-stress analysis of helplessness. *Journal of Personality and Social Psychology*, 74, 1681-1695.

▶Brainerd, C. J., Reyna, V. F., & Brandse, E. 1995 Are children's false memories more persistent than their true memories. *Psychological Science*, 6, 359-364.

▶Brophy, J. 1981 Teacher praise: A functional analysis. Review of *Educational Research*, 51, 5-32.

▶Cameron, J., & Pierce, W. D. 1994 Reinforcement, reward, and intrinsic motivation: A meta-analysis. *Review of Educational Research*, 64, 363-423.

▶Crust, L., & Clough, P. J. 2005 Relationship between mental toughness and physical endurance. *Perceptual and Motor Skills*, 100, 192-194.

▶Crutchfield, R. S. 1955 Conformity and character. *American Psychologist*, 10, 191-198.

▶Doerries, L. E., & Ridley, D. R. 1998 Time sensitivity and purpose in life: Contrasting theoretical perspectives of Myers-Briggs and Victor Frankl. *Psychological Reports*, 83, 67-71.

▶Duckworth, A. L., Peterson, C., Matthews, M. D., & Kelly, D. R. 2007 Grit: Perseverance and passion for long-term goals. *Journal of Personality and Social Psychology*, 92, 1087-1101.

▶Ericsson, K. A., Krampe, R. T., & Tesch-Romer, C. 1993 The role of deliberate practice in the acquisition of expert performance. *Psychological Review*, 100, 363-406.

▶Felson, R. D. 1984 The effect of self appraisals of ability on academic performance. *Journal of Personality and Social Psychology*, 47, 944-952.

▶Golby, J., & Sheard, M. 2004 Mental toughness and hardiness at different levels of rugby league. *Personality and Individual Differences*, 37, 933-942.

▶Hasan, H. J. T. M. 2002 Relations of the arabic type A behavior scale with measures of optimism and pessimism. *Psychological Reports*, 91, 1043-1051.

▶Hirschman, E. C. 1986 The effect of verbal and pictorial advertising stimuli on aesthetic, utilitarian and familiarity perceptions. *Journal of Advertising*, 15, 27-34.

▶Jackson, J. M., & Harkins, S. G. 1985 Equity in effort: An explanation of the social loaging effect. *Journal of Personality and Social Psychology*, 49, 1199-1206.

▶Johnson, H. W. 1961 Skill=Speed×Accuracy×Form×Adaptability. *Perceptual and Motor Skills*, 13, 163-170.

▶『普通の人が会社から嫌われるほど売れるようになる営業術』片桐健著（2005年、ソフトバンククリエイティブ）

▶『できる人とできない人の小さな違い』ジェフ・ケラー著〈弓場隆訳〉(2001年、ディスカヴァー・トゥエンティワン）

▶『もう一歩、前へ出れば勝てる』北の湖敏満著（1985年、ごま書房）

▶Klehe, U. C., & Anderson, N. 2007 Working hard and working smart: Motivation and ability during typical and maximum performance. *Journal of Applied Psychology*, 92, 978-992.

▶Klein, H. J., Wesson, M. J., Hollenbeck, J. R., & Alge, B. J. 1999 Goal commitment and the goal-setting process: Conceptual clarification and empirical synthesis. *Journal of Applied Psychology*, 84, 885-896.

▶Konig, C. J., & Kleinmann, M. 2005 *Deadline rush*: A time management.

▶phenomenon and its mathematical description. *Journal of Psychology*, 139, 33-

45.
▶Krampe, R. T., & Ericsson, K. A. 1996 Maintaining excellence: Deliberate practice and elite performance in young and older pianists. *Journal of Experimental Psychology*: General, 125, 331-359.
▶Lewinsohn, P. M., & MacPhillamy, D. J. 1974 The relationship between age and engagement in pleasant activities. *Journal of Gerontology*, 29, 290-294.
▶Meloy, M. G., Russo, J. E., & Miller, E. G. 2006 Mometary incentives and mood. *Journal of Marketing Research*, 43, 267-275.
▶Mikelson, K. S. 2008 He said, she said: Comparing mother and father reports of father involvement. *Journal of Marriage and Family*, 70, 613-624.
▶Miller, J. A., & Bray, S. R. 2008 Self-efficacy and adherence to exercise during and as a follow-up to cardiac rehabilitation. *Journal of Applied Social Psychology*, 38, 2072-2087.
▶Mischel, W., Ebbesen, E. B., & Zeiss, A. R. 1972 Cognitive and attentional mechanisms in delay of gratification. *Journal of Personality and Social Psychology*, 21, 204-218.
▶Morales, A. C. 2005 Giving firms an "E for effort" Consumer responses to high-effort. *Journal of Consumer Research*, 31, 806-812.
▶Mueller, C. M., & Dweck, C. S. 1998 Praise for intelligence can undermine children's motivation and performance. *Journal of Personality and Social Psychology*, 75, 33-52.
▶『健康と体力科学』中村誠・岩波力編（1994年、杏林書院）
▶Paolucci, E. O., & Violato, C. 2004 A meta-analysis of the published research on the affective, cognitive, and behavioral effects of corporal punishment. *Journal of Psychology*, 138, 197-221.
▶Perrewe, P. L., & Mizerski, R. W. 1987 Locus of control and task complexity in perceptions of job dimensions. *Psychological Reports*, 61, 43-49.
▶Peters, B. R., Joireman, J., & Ridway, R. L. 2005 Individual differences in the

consequences in the consideration of future consequences scale correlate with sleep habits, sleep quality, and GPA in university students. *Psychological Reports*, 96, 817-824.

▶Peterson, C. 2000 The future of optimism. *American Psychologist*, 55, 44-55.

▶Piliavin, J. A., Callero, P. L., & Evans, D. E. 1982 Addiction to altruism? Opponent-process theory and habitual blood donation. Journal of Personality and Social Psychology, 43, 1200-1213.

▶Prescott, J., & Willkie, J. 2007 Pain tolerance selectively increased by a sweet-smelling odor. *Psychological Science*, 18, 308-311.

▶Rosenbaum, B. L. 2001 Seven emerging sales competencies. *Business Horizons*, 44, 33-36.

▶Ryan, L., Hatfield, C., & Hostetter, M. 2002 Caffeine reduces time-of-day effects on memory performance in older adults. *Psychological Science*, 13, 68-71.

▶Quinn, R. E. 1977 Coping with cupid: The formation, impact, and management of romantic relationships in organizations. *Administrative Science Quarterly*, 22, 30-45.

▶Ryska, T. A. 2002 Effects of situational self-handicapping and state self-confidence on the physical performance of young participants. *Psychological Record*, 52, 461-478.

▶『いまどきの健康常識 うそ・ホント』斉藤英治著（2000年 河出書房新社）

▶Schneider, J. F. 2002 Relations among self-talk, self-consciousness, and self knowledge. *Psychological Reports*, 91, 807-812.

▶Schippers, M. C., & Van Lange, P. A. M. 2006 The psychological benefits of superstitious rituals in top sport: A study among top sportspersons. *Journal of Applied Social Psychology*, 36, 2532-2553.

▶Schwartz, B. 2000 Self-determination: The tyranny of freedom. *American Psychologist*, 55, 79-88.

▶Schwartz, S. H., & Saban, N. I. 1988 Value self-confrontation as a method to aid

in weight loss. *Journal of Personality and Social Psychology*, 54, 396-404.
▶『度胸がつく本』渋谷昌三著（1990年、ごま書房）
▶Smith, S. M., & Blankenship, S. E. 1991 Incubation and the persistence of fixation in problem solving. *American Journal of Psychology*, 104, 61-87.
▶Smoll, F. L., Smith, R. E., Barnett, N. P., & Everett, J. J. 1993 Enhancement of children's self-esteem through social support training for youth sport coaches. *Journal of Applied Psychology*, 78, 602-610.
▶『なぜ、この人たちは金持ちになったのか』トマス・J・スタンリー著〈広瀬順弘訳〉（2001年、日本経済新聞社）
▶Stone, N. J. 2003 Environmental view and color for a simulated telemarketing task. *Journal of Environmental Psychology*, 23, 63-78.
▶Summers, J. O. 1970 The identity of women's clothing fashion opinion leaders. *Journal of Marketing Research*, 7, 178-185.
▶Sy, T., Cote, S., & Saavedra, R. 2005 The contagious leader: Impact of the leader's mood on the mood of group affective tone, and group processes. *Journal of Applied Psychology*, 90, 295-305.
▶Vohs, K. D., Mead, N. L., & Goode, M. R. 2006 *The psychological consequences of money*. Science, 314, 1154-1156.
▶Ward, W. C., & Jenkins, H. M. 1965 The display of information and the judgement of contingency. *Canadian Journal of Psychology*, 19, 231-241.
▶Williams, L. A., & Desteno, D. 2008 Pride and perseverance: The motivational role of pride. *Journal of Personality and Social Psychology*, 94, 1007-1017.

PROFILE

內藤誼人（Yoshihito Naito）

心理學家，立正大學特任講師，UNGILD有限公司董事長。

積極運用淵博的社會心理學知識，致力於商務領域的實踐應用。因其輕鬆有趣的心理分析風格而深受好評。

主要著作有：

《62堂神不知鬼不覺的操控心理學》(中文版，瑞昇文化)、

《62堂鬥智不鬥力的誘敵心理學》(中文版，瑞昇文化)、

《人たらしになる会話術（誘人入局的話術）》、《グズをやめる心理術（改掉抱怨壞習慣的心理定律）》

（以上著作均由PHP研究所發行）……等。

TITLE

不靠天賦也能勝出的努力心理學

STAFF

出版	瑞昇文化事業股份有限公司
作者	內藤誼人
譯者	林麗秀
總編輯	郭湘齡
文字編輯	王瓊苹　林修敏　黃雅琳
美術編輯	謝彥如
排版	朱哲宏
製版	大亞彩色印刷製版股份有限公司
印刷	桂林彩色印刷股份有限公司 絃億彩色印刷有限公司
法律顧問	經兆國際法律事務所　黃沛聲律師
戶名	瑞昇文化事業股份有限公司
劃撥帳號	19598343
地址	新北市中和區景平路464巷2弄1-4號
電話	(02)2945-3191
傳真	(02)2945-3190
網址	www.rising-books.com.tw
Mail	resing@ms34.hinet.net
初版日期	2014年6月
定價	250元

國家圖書館出版品預行編目資料

不靠天賦也能勝出的努力心理學 / 內藤誼人作；林麗秀譯. -- 初版. -- 新北市：瑞昇文化, 2014.04

256面；14.8X21公分

ISBN 978-986-5749-42-2(平裝)

1.自我實現 2.成功法

177.2　　103006678